高职酒店
数字化人才培养探索

张 萍 等 ⊙ 著

北京·旅游教育出版社

图书在版编目（CIP）数据

高职酒店数字化人才培养探索 / 张萍等著. -- 北京：旅游教育出版社，2023.3
ISBN 978-7-5637-4517-3

Ⅰ. ①高… Ⅱ. ①张… Ⅲ. ①饭店－经营管理－人才培养－研究－高等职业教育 Ⅳ. ①F719.2

中国国家版本馆CIP数据核字(2023)第004100号

高职酒店数字化人才培养探索
张萍　等著

责任编辑	陈凤玲
出版单位	旅游教育出版社
地　　址	北京市朝阳区定福庄南里1号
邮　　编	100024
发行电话	（010）65778403　65728372　65767462（传真）
本社网址	www.tepcb.com
E - mail	tepfx@163.com
排版单位	北京旅教文化传播有限公司
印刷单位	唐山玺诚印务有限公司
经销单位	新华书店
开　　本	710毫米×1000毫米　1/16
印　　张	13.5
字　　数	160千字
版　　次	2023年3月第1版
印　　次	2023年3月第1次印刷
定　　价	68.00元

（图书如有装订差错请与发行部联系）

前　言

中国酒店业在过去的20余年发生了翻天覆地的变化，经历了信息化发展阶段（1999—2017）、数据化和平台化阶段（2018—2020）以及数字化阶段（2021—）。石基发布的《2022年中国酒店业数字化转型趋势报告》显示，中国酒店业数字化发展已经从2018—2020年的觉醒期，进入数字化探索期。酒店行业数字化应用技术已经相对成熟，正处于技术＋业务场景应用的红利期。从行业实践来说，数字化既是战略方向，其落地仍需从小处着手，不断创新迭代，其中技术与组织仍是企业数字化转型的重要保障。目前，一些酒店集团已经享受到了数字化带来的降本增效红利，越来越多的酒店也纷纷加入数字化转型的行列。但目前具备数字思维的复合型酒店人才非常紧缺，院校培养的酒店人才与行业需求存在着供需不匹配。面对数字化转型挑战与机遇，行业需要与教育界共同努力，培养适用的人才，才能稳步推进数字化转型步伐。因此，2021年，教育部将高职酒店管理专业更名为"酒店管理与数字化运营"，在这样的发展态势下，本书尝试从行业的视角出发阐述酒店行业转型的现状与路径，并分享高职酒店数字化人才培养的探索实践。

本书分为三章，第一章主要从酒店行业的角度描述数字化转型的现状、关键变量以及转型路径；第二章联合数据调研分析公司，利用大数据、人工智能技术，对行业中典型的职业岗位群及其人才需求、任务能力等展开分析，明确数字时代下的行业人才需求；第三章主要记录了广州番禺职业技术学院酒店专业近年来在酒店业数字化人才培养方面的探索实践。

本书由张萍主要著写，饶雪梅、梁少华、莫裕生参写，由张萍对全书进行了统稿。由于时间仓促，水平有限，目前还处于不断探索实践改进的阶段，难免有不妥之处，敬请各位专家、读者给予批评、指正。

笔　者
2022年12月

目　录

第一章　酒店业数字化转型之路 ································· 1
　第一节　酒店业数字化转型的现状与困境 ······················· 3
　第二节　酒店业数字化转型的关键变量 ························· 16
　第三节　酒店业数字化转型的路径 ····························· 23

第二章　酒店业数字化转型背景下人才需求现状 ············· 37
　第一节　产业链、技术链、人才链分析 ························· 39
　第二节　产业人才需求大数据分析 ····························· 49
　第三节　数字化转型背景下高职酒店专业人才培养定位与岗位职业能力
　　　　　分析 ··· 75

第三章　高职酒店数字化人才培养探索 ······················· 109
　第一节　高职酒店数字化人才培养探索历程 ····················· 111
　第二节　"酒店管理与数字化运营"专业人才培养方案 ··········· 147

第三节 部分数字化运营相关课程标准 …………………………… 169
　　"酒店营销实务"课程标准 ………………………………… 169
　　"美团电商项目"课程标准 ………………………………… 176
　　"酒店收益管理"课程标准 ………………………………… 182
　　"酒店管理信息系统应用"课程标准 ……………………… 188
　　"旅游大数据分析"课程标准 ……………………………… 195
第四节 数字化人才培养实施保障 …………………………………… 202

参考文献 …………………………………………………………………… 210

第一章
酒店业数字化转型之路

第一节 酒店业数字化转型的现状与困境

一、数字化时代的社会变革

（一）数字化促进社会生产效率的极大提高

回顾人类历史，追求生产效率的提高是永恒不变的目标。经过几千年农耕社会的技术积累，18世纪，科技水平随着蒸汽机的普及得到大力发展，机械化促进生产力第一次大提升，其间，一大批新兴行业产生，例如铁路、轮船、机械生产等。19世纪随着发电机的发明，开始了第二次工业革命进程。在这一阶段，标志性的电气化设备被发明使用，包括发电机、电话、电报、电灯、内燃机等，极大地提升了生产效率和沟通效率。社会生产效率倍增，催生出一大批全新的行业，比如电力、通信、汽车、石油化工等。

第二次工业革命极大地改变了世界格局，新的技术应用于生产与军事，第一次世界大战后和第二次世界大战期间，各国对信息电子化处理、医学、原子能、航空等科学技术开展了大力研究，以信息化为标志的第三次工业革命开始，计算机被发明并被大量应用，很多行业开始了生产自动化探索。借助信息处理的自动化，企业开始实施现代化管理，生产效率进一步提高，并推动了产业全球化进程。特别是美元与石油经济的捆绑，全球经济模式发生巨大改变，对效率的要求越来越高。计算机技术、通信技术、医药生物、原子能研究、石油化工等都得到了快速发展，出现了一大批跨国企业巨头。

20世纪90年代，彻底改变世界进程的万维网诞生，第四次工业革命正式开始。在这个阶段信息数字化大力发展，人类正式进入数字化时代。数字化从技术层面理解是将信息转换成数字格式的过程，例如将图像、声音、文本、信号或者指令转换为一系列由数字组成的形式，并通过软硬件设备及技术，实现信息实时交互传输、数据演算、自动化控制等。万维网实现了跨距离的实时互动,极大地消除了信息不对称。近二十年万维网的技术进一步演化,促进了各行各业的数字化变革,对社会经济产生重大影响,各行业商业模式随之改变,大批基于互联网服务的平台型企业出现,成为数字经济的一部分是各企业无可替代的选择。数字经济是以数字化的知识和信息为关键生产要素、以现代信息网络为重要载体、以信息通信技术的有效使用为效率提升和经济结构优化的重要推动力的一系列经济活动。随着数字经济拉动社会经济发展,人工智能、云计算、大数据、5G、物联网等技术广泛运用,很多行业生产端实现了现代化、集约化、智能化,各行业生产效率大幅提高。

（二）数字化促进企业创新变革

数字化深刻影响了各类企业的发展,近 50 年来全球各行业不断寻求数字化创新变革,世界经济和社会发展发生了深刻变革。特别是随着互联网的普及应用,推动了企业的数字化变革,数字化带来的社会需求增加、生产效率提升、数字化投入成本降低进一步吸引了企业进行数字化变革,同时高科技公司投入大量资金进行数字化应用研发,一大批新的数字技术得以应用。每一次的技术革新,都带来巨大的经济和社会变革,例如近两年特斯拉、小米人形机器人的推出,或将再次带来革命性的数字化应用发展,机器人不再只局限于工业领域普及应用,家居机器人将逐步走入人们的生活。数字化对企业的创新变革至关重要。

1. 促进企业现代管理体系变革

数字化的企业现代管理体系主要是利用数字化技术量化管理行为和管理对象,进行企业的战略管理、计划管理、运营管理、组织管理、服务管理等。数字技术为企业实现的不仅是信息简单的收集、传递,同时通过信息数据的处理,形成企业的运营分析,从而指引企业进行管理调整。当前的大数据、云计算、人工智能为代表的新一代数字技术,帮助企业对自身管理体系随外部环境的变化而进行快速调整。这些技术发展与商业模式创新相组合,在产品体验、营销、运营、生产、组织协同等各环节得以应用,某种程度上说重构了企业整个价值生态链体系。企业数字化管理程度越高,适应环境的能力就越强。

例如，2020年新冠肺炎疫情影响了公众的工作和出行，众多企业开始使用"钉钉"管理平台。"钉钉"不仅是一个网络组织管理服务平台，为企业解决考勤、文件审批问题，同时也是一个基于数字化的综合性企业管理平台。钉钉提出"五个在线"助力企业实现数字化，包括生态在线、业务在线、协同在线、沟通在线、组织在线，重塑员工行为与组织之间的关系，提高工作效率，改变工作方式。同时，钉钉还建立了企业内外部生态链，打造企业"数字化操作系统"，解决企业相关的经营问题。数字化带来的众多益处进一步促进了企业更愿意主动进行现代管理体系数字化变革。

2. 促进企业数字化应用创新

数字化也彻底改变了企业的技术应用，在不断地探索新的数字化应用过程中，企业竞争力得到提升。

一方面基于企业内部经营提升需求进行的数字技术应用创新带来的经营提升，使得企业非常有动力在数字化应用创新方面投入大量精力，以便在数字化浪潮中取得竞争优势。企业通过数字化战略推动应用创新，强化员工数字化思维，将公司的经营活动与数字化相结合，采用符合自身战略的数字化管理体系和应用技术。另一方面，一些专业组织、科技研创公司、风险资本推动数字技术应用创新。基于新数字技术的应用带来巨大的社会效益和经济效益。政府层面，会大力推进数字技术研发，引入专业化组织、科创企业、各类资金进行数字化技术应用研发。例如央行数字人民币的研发应用，必将带来一系列数字化应用革新，特别在消费领域，数字人民币带来的应用优势对消费行业的发展会有极大促进作用，新的商业模式和发展机会将会出现，各类企业会积极迎接变革，快速调整软硬件环境，创新商业模式，为消费者提供更加便捷、舒适的消费体验。以上两方面相辅相成，共同推动了数字化技术应用进程，各企业也都在不同领域加快应用数字化技术。

（三）数字化促进人们生活方式的改变

身处数字化时代的我们，可以深刻感知数字化对生活方式的改变。2000年之前，上网还仅局限于使用台式机进行页面浏览，使用网页版的聊天室，手机还未普及，更没有移动互联网。2000年之后，随着技术的进步，移动互联网进入人们的生活。2001年，中国移动开启了"移动梦网"计划，国内居民可以使用手机上网。2009年国内3G牌照发放，突破移动互联带宽瓶颈，为今后各种可能的数字应用提供了保障。

特别是2010年后，各种数字技术（移动互联网、智能终端、大数据、5G等）已经得到了极大的发展。数字技术为人们提供全新的应用体验，改变了人们的日常生活习惯，人们享受着数字技术带来的便利。淘宝、京东改变了人们的购物模式与消费习惯；美团、饿了么改变了人们的传统就餐模式；滴滴改变了人们的传统出行习惯；微信颠覆了人们的社会方式，降维打击了手机的短信业务；特斯拉、理想、比亚迪的新能源车让自动驾驶成为可能。这些生活方式的改变，同时也带动了人文认知的改变，例如网红文化等。虽然这些人文改变对人类文明的传承是否具有积极的意义，今后还有待加以证明，但这些人文改变对人类文明的多元化提供更多的探索可能。数字化对人们生活的改变具体体现在以下几方面：

1. 多元的数字化生活方式

人们现在已经离不开数字化的生活方式，早上醒来到晚上入睡，衣、食、出行、娱乐、社交无不体现数字化生活方式。网购、订餐、约车、订票；扫地机器人、数字化程控洗碗机……生活场景处处体现着多元数字化。

2. 智慧便捷的社会公共环境

数字化下社会公共环境也发生了巨大的变化，在公共服务方面，政府推进线上线下公共服务共同发展、深度融合，智慧政务平台、互联网医院、智慧图书馆等极大方便了人们生活需求。在线下商业消费环境方面，商家提供了智能便捷的消费体验，例如导购机器人、智能预约、电子支付、无人超市、智慧停车场等，在人文环境方面，VR、云旅游等为人们提供了智能的人文体验。

3. 高效创新的工作环境

从早期的电子邮件等办公数字化应用，到如今的钉钉、腾讯会议、云服务平台、OA平台，从早期的手动按键式操控平台，到如今的全自动化智能控制平台，人们工作环境中接触的数字化应用也发生了巨大变化。工作环境的数字化不仅仅体现在办公数据的电子化，更多数字化技术创新用于实现企业的发展理念，创造更好的产品，吸引更广泛的消费者。总之，在数字化时代，企业不断调整商业模式，以不断适应消费者需求的改变。

（四）企业数字化转型是社会经济发展的必然过程

数字化带来了社会生产方式、生活方式、文化娱乐消费的巨大改变，数字化转型正如火如荼地进行中。什么是数字化转型？数字化转型可以理解为传统企业通过将生产、管理、销售等各环节与云计算、互联网、大数据相结合，促进企业研发设计、生产加工、经营管理、销售服务等业务数字化转型，提升企业经营效率和竞争力。

在科学技术高速发展的时代，数字化转型是整个社会都面临的任务。国家《"十四五"数字经济发展规划》提出"加快数字化发展，建设数字中国"，大力推进产业数字化转型，产业数字化转型是推动数字技术和实体经济深度融合、赋能传统产业转型升级、重塑产业竞争力的重要途径。按照规划的要求，利用互联网新技术对传统产业进行全方位、全链条的改造，推动制造业、服务业、农业等产业数字化；培育转型支撑服务生态，解决企业不会转、不能转、不敢转的难题。企业在这个大时代背景下，要想生存下去，必然要进行数字化转型，来适应整个社会发展和消费需求的变化。

企业的数字化转型，从技术层面体现在代表性技术的变化，由信息技术（pc+传统软件+企业端服务器+万维网）转变为数字技术（云端服务+AI+大数据+移动互联+物联网+区块链+5G）。企业利用这些技术数字化转型后，可以将产品、服务和系统更好地融合，打造统一、开放、共享的数字平台，内外组织间协同创造价值，驱动企业及行业发展，同时促进商业模型升级。

二、酒店业数字化的发展历程

（一）酒店数字化初级应用期

在互联网技术应用之前，以传真、电话及计算机应用为代表的技术，应用于酒店日常经营。酒店主要提供传统的酒店服务。如客房的舒适性、餐饮的品类、配套设施的多样性是酒店和客户的主要关注点。这个阶段酒店服务人员较多，服务品质也体现在人员服务及酒店硬件环境上。酒店对于计算机的运用，主要用于客户信息、客房信息的日常维护，对于客户行为习惯的分析主要依靠人工统计归类。此阶段客户预订酒店主要通过电话和传真，消费结算方式主要为现金和银行卡。应用于客户服务的电子设备除了电话、传真、POS机、电视、空调、冰箱之外的方式非常少。

（二）酒店数字化快速发展期

2000年后，以互联网技术发展为代表，数字技术大量应用于各行各业，酒店行业的数字化也快速发展。其中最为代表性的是基于互联网的OTA（Online Travel Agency）快速发展，OTA平台以其全面、便捷的预订模式迅速掌握了大量的客户资源，并通过自身的数据分析，为酒店和客户提供双向数据服务。在此阶段，酒店自身的经营管理、客户管理体系也得到迅速发展，专业化的酒店管理软件公司为酒店提供了数据分析业务、经营管理平台服务。而大型品牌酒店则建立自有服务器，搭建网站，发展自有私域，建立完整的会员体系，以减少对OTA平台的依赖，酒店业务数字化初步成形。

2007年之后随着移动智能终端的迅速发展，酒店业也开始大量采用数字化前端设备，将互联网服务大量应用于酒店相关业务。客户通过移动智能终端可以实现预订、支付功能，酒店在客房也为客户提供了简单的智能化控制设备、数字娱乐设备。

（三）酒店数字化转型期

酒店的数字化转型，实质上是在酒店运营管理、服务体验、硬件设施、营销、上下游生态链等各个方面，综合利用数字技术，提高运营效率、提升顾客满意度、增加酒店收益。

虽然酒店数字化推进迅速，但随着2015年后移动互联的技术的快速发展，新的数字技术快速应用，不同酒店之间数字化发展进程极不平衡，酒店行业的数字化面临转型。同时酒店行业竞争激烈，很多酒店陷入硬件投入陷阱，不持续增加投入，客户进一步减少，继续增加投入，面临技术更新快，如果没有规模优势，则很难回收投入成本。在此情况下，酒店业内部收购兼并浪潮兴起，投入少、脱离数字化进程的中小型酒店大量被规模化酒管集团兼并收购，大型酒店管理集团依托自有的数字化转型优势，建立了完善的现代管理体系，降低了运营成本、增加了酒店流量、优化了客户体验，在行业发展中取得先机。

特别近几年随着数字技术飞速发展，人工智能、AI、云处理、物联网快速应用，酒店数字化转型加速。数字化管控的无人值守酒店出现，更多酒店运用了初级机器人、智能入住终端等数字化设备，但这些应用处于摸索期。云计算的运用为酒店运营管理实现了云服务器处理控制；同时物联网的应用，酒店数字化设备可通过云端服务管理，实现酒店、客户、设备交互。

综上，当前酒店处于数字化转型的剧烈震荡期，如何取得先机，采用恰当的数字化体系至关重要。

三、酒店数字化转型现状

（一）酒店数字化转型程度千差万别

近几年，酒店数字化转型处于一个混沌状态，很多酒店徘徊在是否加大投入的十字路口，酒店顾虑的主要问题是有些数据应用技术还未普及就面临淘汰。各类型酒店推进的程度受制于各自发展情况，数字化转型两极化明显。大型酒店管理集团依靠规模优势，数字化转型走在了前面，类似华住、亚朵这些集团化酒店在数字化应用技术层面已经占据先机，利用云计算、大数据分析在酒店数字化宾客体验方面取得了实质性的进展，并对未来科技环境数字化转型有清晰的战略。例如华住利用数字化转型，已走完信息化初始阶段，正处于数字化转型的关键阶段，建立了数据平台，实现酒店业务的快速决策，逐步实现数据引导决策的变革。长隆集团借助旅游景区优势，将旗下酒店与景区业务体系的数据打通，大力推进自有数字化平台的发展，自有私域会员平台体系成为最主要客户来源，OTA流量已降为其次，极大降低了营销成本。但还有很大一部分酒店，甚至一些老牌高端酒店，虽然尝试进行数字化转型，但顾虑太多，没有清晰的转型方向，在转型力度方面还稍逊一筹，特别是一些单体酒店，还处于止步不前的状态。

整体来看，新建设的各类酒店、集团化运营的酒店在数字化转型的道路上已经领先一步，而受制于投入产出问题的单体及低端酒店整体数字化转型较慢，在管理体系上没有采用数字化运营平台，主要依托OTA生存，没有自有数字化生态体系建设或者落后于平均水平。数字化主要依托于社会普及的数字化技术，如移动支付、人脸识别等智能技术，如果仅限于一些节点性的智能设备的使用，那么居住体验依然是老旧的。

（二）酒店数字化转型方向不明确

近年来，随着国民经济的发展，商旅人群的快速增长，中国酒店业进入了多元化状态，星级酒店、经济型酒店、民宿、酒店式公寓、特色主题酒店、共享住宿多形态并存。各类型酒店面对不同的内外部环境，选择什么样的数字化转型方向成为酒店难题。

除了投资成本的问题，很多酒店的决策层，无法确定数字转型的方向，管理层对数字化转型与酒店业务如何融合一知半解。有些酒店因不知从何推进数字化转型，就简单照搬其他同类型酒店的数字化转型模式，但因所处的内外部环境不同，即使投入了人财物，也起不到提升经营效率和客户体验的效果。有些酒店顾虑成本和业绩考核，将数字化转型想得过于复杂，不愿意去推进。近年来酒店业管理人员收入水平不高，缺乏具有数字化思维的复合型人才，现有的管理人员整体对数字化转型了解不多，无法制定行之有效的数字化转型方案，更无法确定适合自身的数字化转型方向。同时酒店内部各部门的数字化应用需求也不同，需求的不平衡导致决策者在制定数字化转型方向时，要具备高度专业的判断力，否则无法确定适合自身的数字化转型方向。

四、酒店数字化转型面临的困境

（一）酒店发展战略困境

酒店的数字化转型会给酒店带来竞争优势，这对酒店来说，具有极大的驱动力，已有很多酒店通过数字化转型提升了自身的服务和效率，增强了品牌的社会影响力。酒店行业的数字化转型始于数据信息化、OTA快速发展。经过近些年大数据应用于酒店收益、软硬件智能设施的使用，发展至今，基于云计算、人工智能的大数据分析技术，帮助酒店开始进行客户居住体验场景的整体智能化、智慧化营造，酒店业务数字化与客户体验结合应用在整个酒店智慧生态系统。但是在酒店行业整体发展不均衡的背景下，依然有很多酒店数字化转型行动缓慢，仅限于一些智能化科技产品的部分使用，酒店的整体业务并没有实质性数字化运用，不能真正对酒店运行和客户体验起到实质性促进作用。有些酒店的数字化还停留在初级阶段，不能通过数据分析来管理日常工作，大多数酒店并没有用户在入住前的数据信息，也没有办法沉淀客人在酒店中的行为信息。

酒店的数字化转型是市场需求、投资与科技等多要素驱动下的变革，与酒店发展战略息息相关。中国酒店业的快速发展很大程度上也得益于地产业近30年的高速发展，大基建的投入使得星级酒店迅猛发展。20世纪90年代各大城市仅有几个代表性星级酒店，进入2000年后，不仅一线城市，包括二三线城市，高星级酒店如雨后春笋般涌现。居民对城市综合体的需求大增，使得大量土地出让使用权时规划有酒店。早期销售型物业的利润完全可以覆盖酒店的建设成本，酒店往往投入较大，在后期没有销售型物业收益支持情况下，酒店依靠自身收益维持运营开始出现困难，整个酒店行业成为低毛利行业。依附地产造成收益困境，发展战略该如何调整成为很多酒店面临的问题。

（二）酒店经济效益困境

目前，酒店业属于低毛利行业，无论五星级酒店还是经济型酒店，整体收益率与各行业对比来看，都处于较低水平。酒店前期投入的折旧和定期投入的布草损耗大，加上近年人工成本增加，造成酒店收益压力增大，每月如何完成考核指标成为酒店管理者的头等大事。顾及数字化转型的前期较大资金投入，会对酒店经营指标的造成压力影响，酒店管理者会关注短期的利润影响，对未来成长不确定性投入会投反对票，这是很多酒店迟迟不能推进数字化转型的关键因素。数字化转型的投入产出难以短期平衡，特别是客户体验环境营造方面收益，难以弥补投入。虽然数字化运营可以带来运营效率的提高，但对于覆盖投入方面还有很大的不确定性。管理者为了完成指标，往往会功利性地选择在OTA平台多投入或者采取直接降价的方式。也有很多酒店会折中推进数字化转型，逐步推进一些数字化设备和软件使用，而非体系化地推进。如果要决心推动数字化转型，经营管理者要脱离短期指标考核的掣肘。随着近些年各类数字技术发展，软硬件更新极快，很多应用刚问世即面临淘汰，此时酒店在数字产品使用上，同样面临较高的淘汰风险，产品的更新换代，往往也会造成后期维护的缺失，使得投入直接成为损益。综合绩效考核压力，很多酒店管理者选择了延迟数字化转型。

（三）酒店专业数字化人才困境

当前酒店数字化转型面临一个很大的困境是人才困境。主要表现在管理人员思维固化，对数字化转型一知半解，无法决策数字化转型战略；专业数字化人员缺失，特别是复合型酒店数字化人才紧缺，造成数字化转型执行难；酒店行业收入水平偏低，高素质数字化难以招揽人才，难以快速执行数字化转型相关举措。

酒店的利润率普遍偏低也造成了另外一个现实情况，就是人员的精简。核心部门的运营管理人员不能减少，往往就会精简IT这类边缘技术支持部门人员。同样更不会专门配备既懂数字化转型，又懂酒店经营的专业管理人才。除了专业人员之外，数字化转型好的酒店往往在组织体系上会保证数字化转型的推进。从CEO开始，自上而下落实数字化转型，在组织体系保障、内部业务配合、外部资源利用、客户数据、资金支持上系统性推进。如果没有这一套系统性的保障，结果就是各业务单元各自为政的失败型数字化转型。而相对独立的数字化转型的结果是前台系统与客户数据分析系统不关联，酒店的智能硬件使用数据无法与酒店业务系统关联。一个又一个的数据孤岛，使得业务决策没有数据分析支持，客户的体验差。

总之，决心推进数字化转型的酒店，专业人员和组织保障二者必不可少，员工要具备数字化系统操控能力，包括对智能设备的使用、维护能力，同时管理人员要对数字化系统数据具有深度分析能力与经营管理决策能力。

五、酒店数字化转型的必要性

很多酒店还在转型与不转型的道路上徘徊，没有看清社会发展、科技进步的趋势，不去做改变，必然会失去竞争力。数字化转型的技术基础，物联网、云计算、云存储关键的技术障碍和成本问题已有所突破，为转型带来时代机遇。酒店数字化转型实质是一个价值创造的过程。从宏观环境及酒店业本身来看，都是未来酒店业发展趋势。

（一）酒店数字化是经济与社会发展的必然需求

在《中共中央关于制定国民经济和社会发展第十四个五年规划和二〇三五年远景目标的建议》中，关于加快发展现代产业体系，推动经济体系优化升级，专门对数字化建议，要"加快数字化发展。发展数字经济，推进数字产业化和产业数字化，推动数字经济和实体经济深度融合，打造具有国际竞争力的数字产业集群。加强数字社会、数字政府建设，提升公共服务、社会治理等数字化、智能化水平。建立数据资源产权、交易流通、跨境传输和安全保护等基础制度和标准规范，推动数据资源开发利用。扩大基础公共信息数据有序开放，建设国家数据统一共享开放平台。保障国家数据安全，加强个人信息保护。提升全民数字技能，实现信息服务全覆盖。积极参与数字领域国际规则和标准制定"。在文化和旅游部关于印发《"十四五"文化和旅游市场发展规划》中对数字化转型的描述，推动线上线下融合发展。推动文化和旅游市场主体数字化转型，鼓励文化和旅游企业广泛应用5G、大数据、云计算、人工智能等技术，创新产品和服务供给，提升服务水平。支持互联网企业和平台参与传统文化和旅游业态改造提升，实施在线演出市场培育计划。鼓励旅行社、旅游景区、星级饭店、旅游民宿等与在线旅游企业加强合作，实现优势互补，拓展发展空间。推动网络直播、短视频等信息呈现方式与演出和艺术品、公共文化、非遗保护、旅游推广等领域相结合，丰富文化和旅游业态。

产业数字化是大势所趋，各行业整体数字化转型迫在眉睫。数字化不只是让酒店在原有的业务模式下进一步降本增效，而是创造新的业务形态，带来新的消费增长点。作为与消费者紧密相关的酒店业，数字化更是行业发展的需要，消费者消费升级的需要。

（二）数字化转型是酒店提质增效的有效途径

酒店业是一个低利润率、高投入的行业，管理者往往尽量降低投入，加上一些运营管理人员的思维固化，为维护短期收益稳定，不敢决策。这些酒店主要问题是没有确定数字化转型对酒店到底能带来多少增益。数字化转型优势明显，一方面，对于大部分的酒店，拓客增收是第一目的，数字化转型可以打通更多的客源渠道，包括自有渠道建设，可以增强与客户的接触广度；另一方面酒店数字化转型，可以实现消费者数据采集、管理，借助云技术平台进行大数据分析，实现精准的营销和客户服务；再者，数字化转型可以节约运营成本，提升工作效率，人工智能化设备的使用，可以大量节约员工数量，还可以给客户带来更多的便利。

虽然酒店数字化转型需要前期大量资金的投入，但其后续带来的不仅是酒店运营成本的降低、效率的提升，还可以通过数字化运用，融合相关产业，提供更多的服务业务，从而增加酒店收益。通过用户信息大数据分析，建立数字化会员体系，降低对OTA的依赖，提升自有竞争力，保持健康持续发展。

（三）数字化转型是提升消费者体验的需求

酒店服务的核心要注重消费者深度诉求，酒店为消费者构建多种类型消费场景，各类途径优化用户体验。随着科技进步对消费者行为习惯的改变，大众日常都会面对各类数字化场景，从居家生活到交通工具、工作环境、购物消费、外出旅游，处处存在数字化场景。特别"90后"的消费者，他们成长在数字时代大环境之中，逐渐成为当前酒店的消费主力，对数字化需求越来越高。所以，数字化服务场景搭建已经成为酒店行业必然发展趋势。

第二节 酒店业数字化转型的关键变量

一、数字技术应用是酒店数字化转型的实施基础

（一）科学技术发展驱动酒店业进步

作为社会发展的关键驱动力，科学技术在人类历史发展中占有十分重要的地位。科学技术是现代生产的决定性因素。它不仅影响经济发展程度，而且在军事、政治中起到至关重要的作用，并推动着社会文化的革新，改变着人们的生活。20世纪以来，科学技术发展进入了一个新时代，高新技术如雨后春笋般不断涌现，对各行各业起到积极推动作用。作为传统行业的酒店业，随着科学技术的发展，一直紧随新技术落地应用，将酒店的服务与科技发展相适应，为客户提供优质的旅居环境，随着信息化、数字化的普及，酒店业数字化也焕发勃勃生机，技术发展彻底改变酒店业的发展。

同时我们也看到，在技术浪潮的巨大冲击下，酒店业传统战略、管理模式、硬件环境、营销模式已经无法满足行业发展、客户需求的变化。酒店业亟须做出调整，以确保自身的持续竞争力。在未来新技术应用下，酒店经营的一个关注点就是技术创新应用的，如何将新的数字技术结合酒店业务，为客户提供更好的居住体验。

（二）数字技术应用提供酒店数字化智能软硬件环境

在酒店具备一定的资金、人才、认知理念、经营支持等条件后，数字化转型不仅需要酒店重造内部业务，还需要外部科技条件的技术支持。包括低成本、便捷的智能设备、基于数据分析的云计算服务平台、衔接软硬件的物联网环境，等等，这些电子信息技术为酒店数字化转型提供了良好的外部环境和多种可能，这也是数字化转型的实施基础。特别是云技术发展，使得数字化转型

的软硬件成本投入大幅降低。科技的进步是生产力发展的要求，也是消费者体验变化的需求，酒店的数字化运用要基于酒店经营需求以及客户的消费体验提升需求。在酒店数字化转型过程中以下几项新的数字技术应用将会对转型起到关键作用。

1. 基于云技术的大数据分析及专业服务平台

过去，酒店往往依托OTA平台的数据进行客房销售，只能获取有限客户信息。并且缺少专业的工具和人员，自营私域预订系统和会员体系没有数据分析的能力，客户数据更没有和酒店服务业务相关联。近些年随着大数据分析的进展，OTA平台处理客户数据的优势占得先机，发展迅猛，但大多酒店依然不具备这些分析能力，只能依靠OTA的数据，或自有数据进行简单分析。云计算、云存储、云端专业数据分析服务平台等技术的发展彻底改变了这一情况，特别是大型连锁酒店，客户数据可以被很好地分析运用到酒店的数字化服务场景。同时，云技术最大的优势，是让酒店以低投入就可以获取客户数据分析服务、业务流程服务，以及智能化设备管理服务。

2. 物联网技术发展

未来的互联网属于万物互联的时代，华为的鸿蒙OS是一款面向未来的操作系统，一款基于微内核的，面向全场景的分布式操作系统，不仅适配手机、平板、电脑，还将适配人工智能设备、智能汽车、可穿戴设备等众多终端设备，是一个可将所有设备串联在一起的通用性系统，在5G条件下工业产品之间的关联必然会完全改天换地。物联网时代，各类新的技术应用必将应运而生，消费者的工作、生活、休闲场景，以及消费习惯均会在万物互联时代产生变化，也将会给酒店、旅游、餐饮行业带来全新变革，各类基于物联网的酒店应用会快速发展，给客户带来全新的体验。

3. 人工智能及智能化设备应用

酒店的智能化设备早期是一些房间设施控制之类的简单居住应用，随着科技的进步，基于互联网的智能化设备已广泛使用，我们在一些酒店已经可以看到自助终端、服务机器人、人脸识别等智能化设备应用。近两年，随着物联网、5G技术大力推进，人工智能向智慧化发展，政府着力打造智慧城市，各行业也在加大力度利用人工智能技术推进发展。对于酒店行业，属于与人交互的场所，未来人工智能化设备在酒店会有更广阔的应用空间。同时，未来智能化设备发展的趋势是便捷化，即插即用。酒店在数字化转型进程中可以将设备快速连接到数据分析系统和酒店业务管理系统。很多受制于场地的酒店，可以采用高科技、智能化体验设备，增加客户娱乐设施以增强酒店收益。

二、数字化战略是酒店数字化转型的实施指引

各酒店对数字化转型都有一定认知和思考，也尝试过寻找适合的数字化转型方式，提升整体经营效益和客户体验。但数字化转型本质上是一个酒店商业模式的变革，不能盲目照搬照抄，更不是引进一个系统和相关设备就能实现的，必须制定清晰的数字化转型战略，来指引数字化转型的实施。当前酒店业面临残酷竞争环境，数字化转型为酒店提供一个全新的市场和差异化机遇，酒店可以打造特有的服务模式和体验场景，从而从激烈的竞争中脱颖而出。在转型之前，酒店管理者需要有清晰的自我认知和发展战略，从顶层开始设计数字化转型，要有明确的目标和准确的全盘布局能力，并在后续过程中，推进底层数字化设备、业务逻辑、服务平台系统与顶层设计协调统一。数字化转型战略可以从以下几个方面推进：

（一）梳理酒店数字化现状及经营情况，找出亟待解决的问题，明确战略方向

在启动酒店数字化转型之前，必须有清楚的自我认知，对自身定位和业务优势进行梳理，找出亟待解决的问题，并根据酒店发展规划，制定数字化转型方案。具体来说，可以从以下几个方面着手：

第一，系统梳理酒店经营状态，包括酒店市场定位、运营状况、收益状况、人员组织、客户口碑等各方面，找出酒店自身的市场优势、存在的问题，为数字化转型方案提供业务基础信息。

第二，对已有的数字化内容进行评测，包括现有数字化架构、IT 软硬件设备、客户体验设备、外部服务平台资源、专业人员组织等。并对测评结果进

行分析，找出有效的数字化应用和无效应用，为后续的数字化转型方案提供转型依据。

第三，梳理酒店对数字化转型的需求，范围要覆盖酒店的前台、中台、后台、客户、合作方、上下游企业各方面，明确酒店的核心需求，为酒店数字化转型业务提供方向，避免酒店盲目转型。

（二）搭建适合的数字化转型战略体系

搭建适合的数字化系统体系，除了明确经营需求，还一个重要的关注点，就是客户的体验需求。客户消费体验可以分7个环节，包括规划出行、查询酒店、预订酒店、办理入住，在店期间、退房、离店后，每个环节都涉及多个数字化触点。在搭建数字化系统架构时，必须进行适配，统筹各业务板块，涵盖酒店前、中、后台业务流程和服务内容，才能设计出符合业务需求的数字化转型框架。例如办理入住时，通过手机或者自助机办理手续，这时，能否实现将客户个人偏好与后续服务通过数字化系统进行匹配分析，为客户推荐房间或配置一些个性化物品，这些都是未来数字化转型需要关注的需求。酒店搭建适合的数字化体系，可以分两步实施。

第一，制定数字化转型战略方案，应当将酒店的经营需求、客户需求与技术趋势匹配。数字化转型战略的制定，是为了明确自身数字化愿景在未来如何实施。如何通过转型进行数字化业务创新，如何为酒店创造更多的价值。酒店可以通过两种方式制定转型战略，一是借助第三方技术服务平台力量，依托酒店自身定位，结合行业及技术发展趋势制定转型战略；二是在对自身业务需求非常清楚的前提下，由自身专业团队实施，酒店多业务板块协作制定转型战略，后期实施中，再协调第三方供应商提供匹配的产品和服务。例如旅游度假型酒店，其核心是消费者游玩的需求得到充分满足，在旅游度假型酒店数字化转型中，基于人工智能、虚拟现实技术的高科技游玩项目拓展将是转型战略的重要部分。

第二，酒店确定数字化转型战略后，可以根据战略规划设计数字化转型体系。数字化体系一般包括以下几个方面：一是数字化生态体系，其中包括酒店管理体系、上下游企业、用户、第三方合作机构等；二是数字化平台搭建，其中包括了业务平台、数据平台、技术平台、支持平台，当前云技术的发展，已经可以模块化搭建这些平台；三是数字化应用端，包括用户端的体验场景、员工管理端口、运营业务接口、数据分析端口、外部资源接口。应用端涉及的物联网和人工智能设备是当前发展最快的部分，在设计过程中，要充分考虑设备的更新换代与数字化平台的拓展使用。

在设计转型体系过程中，还有几个关键点需要注意：一是用户信息如何数字化，例如建设有特色的自有私域运营模式，减少对OTA的依赖。二是要有数据分析推动业务决策的设计，保证今后线上执行高效、准确的业务流程。三是避免平台与业务的线上线下脱离，强化平台使用率设计。四是酒店业务、客户服务线上化，保证员工、客户、合作机构通过各平台互通。五是要有基于数字化的新业务创新机制，为酒店赋予创新能力，不断为客户增加新的服务体验，并在软硬件上预留接口，便于今后新业务增加，新的智能化设备运用。

（三）数字化转型战略实施路径

数字化转型战略体系搭建完成后，可以通过以下路径具体实施：

第一，制定详细的实施计划表及实施方案，可以聘请专业服务平台或自身专业团队制定，设定推进过程中的考核指标，并做好员工培训方案，确保数字化转型推进的有效性。

第二，根据数字化转型体系和实施方案，进行数字化平台建设，包括硬件、软件、服务平台、合作资源等多方面的专项建设，在此过程中，酒店的IT部门要协同各业务板块进行不断的测试、修正调整。将数字化系统融合到酒店原有的业务体系和流程中去，这也是酒店数字化转型落地的关键点。

第三，在数字化体系建设完成之后，各条业务线协同测试，进行体系优化，并在此过程中，员工通过培训、学习，提升数字化体系运用能力，为今后的数字化应用拓展积累经验。实际使用后，酒店要着手在上下游及合作伙伴生态体系中进行推广和应用，快速的提升酒店经营效能。

第四，酒店在运用数字化体系过程中，会逐步积累业务过程中产生的数据资产，这些数据资产的分析再运用，将会反过来促进酒店数字化体系自我革新。酒店在开始的数字化转型过程中，就要充分重视数据资产的重要性。

三、专业数字化人才是实施酒店数字化转型的根本保障

（一）转型需要复合型数字人才解决技术落地问题

数字技术是当前最大的科技变量，作为企业、员工，必须跟上步伐，才不会被数字时代抛弃。但酒店作为一个古老行业，数字化转型的理想很美好，复合型的酒店人才非常紧缺。传统的酒店人才已经不能胜任行业面对的挑战与机遇，需要酒店不断完善内部组织管理体系，搭建复合型数字人才培养架构，才能稳步推进数字化转型步伐。

数字技术更新迭代快，需要既懂技术又懂酒店业务的数字化人才实施转型。面对数字化转型，出于人工成本考虑，很多酒店并未聘请懂酒店业务的数字技术应用人才，而是在现有人员基础上，简单培训市场上已有的数字化转型方案。酒店运营人员对酒店数字化转型缺乏清晰认知，单纯地认为只要购置了最新数字化软硬件设备就实现了数字化转型和运营，其中还有不少酒店不断引进高科技数字系统，但在运行管理上却不调整业务流程，先进的数字化系统成为摆设，没有发挥出其应有的价值。这时，懂酒店业务的数字化应用人才显得至关重要，他们首先可以帮助酒店实施数字化转型战略，选择适合酒店的数字化系统；其次，可以调整酒店业务流程与数字化系统相适应，发挥数字化系统在酒店经营中的效能；最后，还可以在酒店运营团队中将数字化思维加以灌输，协助整个团队推进数字化转型。

酒店需要培养具备数字化思维的酒店运营团队。虽然聘请或培养专业的数字化人才能解决实施数字化转型问题，但酒店的经营离不开各个部门的协同工作。数字化转型、数字化系统落地只是第一个步骤，转型的目的是在经营中发挥数字化体系的作用，所有员工都在这个体系之中。酒店业是直接面对客户的服务性行业，客户从预定那一刻开始，就开始了居住体验，数字化的体验也随之开始，酒店各环节员工也都会涉及其中，所有相关酒店成员都需要具备一定

的数字化思维和应用能力来服务客户。

酒店数字化转型是一个长远的发展战略，涉及多个学科与领域，要求运营人员在酒店经营的同时，要对大数据、人工智能等各类软硬件技术能加以运用。但实际中不可能对所有人进行全种类的培训，这就要在培养中注重运营与数字化技术应用的结合的逻辑培养，能够让员工举一反三，将数字化思维意识延展运用，让员工在运营过程中不断丰富自身的数字化知识，持续提高酒店的服务水平，为酒店的长远发展提供支持。在团队培养中要让运营团队清晰酒店的发展战略和数字化战略，明确建设成什么样的数字化酒店，让员工清楚所在组织的数字化应用环境，主动性解决数字化运用的短板。从长期来看，规模化酒店都会降低对OTA和第三方数字化系统服务的依赖，打造自己的私域流量和数字化系统，所以对自身人才队伍的综合能力及素质要求更高，这时候的团队培养需要更具系统性和全面性，人才梯队需要更完整。

（二）酒店决策层的数字化思维是实施数字化转型的关键保障

酒店数字化建设一般有大量前期的资金投入，酒店要想在数字化转型中保持优势，还要持续为数字化酒店建设提供充足的资金。数字化转型是为了更好地提升酒店运营效率和优化客户体验，在酒店行业的数字化转型的发展过程中也出现了许多问题，例如受制于经营指标压力，数字化转型资金无法持续性投入；数字化产品更新换代快，无法及时升级产品，造成使用效果不达预期等问题。这时候一些酒店决策层如果没有系统的数字化思维，会制定一些倒退的策略延误数字化转型。

大家都知道数字化转型的好处，紧随时代潮流和客户需求，想提升酒店的竞争力，决策层是否具备高瞻远瞩的数字化战略思维至关重要。要规避一些短视行为，例如为了追求短期绩效，将大部分资金投入宣传营销上，可能在营销方面发挥了新技术作用，但没有体系化地打造数字化酒店，客户到店后的体验不佳，后续运营压力反而增加。酒店最高决策层对数字化转型的关注和推动是无法替代的。数字技术更新快，对酒店业来说是一个独特的挑战。决策层完全依赖于数字化部门或技术负责人对于数字化酒店建设是非常不利的。卓越的数字化酒店决策者应该具备足够的数字技术应用知识、战略规划能力以及时间的投入。

首先，酒店决策层要根据酒店的实际经营软硬件情况，综合数字化技术现状，制定好符合自身发展的数字化转型战略，实现资金资源的优化配置与高效利用，突出自身酒店的核心竞争优势，提高转型带来的经济效益；其次，酒店决策层要将数字化思维深化，以保持各职能组织的数字化创新力，使数字化系统在运营中的智能化、数据化、便捷化；最后，酒店决策层要保持对行业数字化知识敏感度，提升自己的数字化战略思维，随着数字技术的快速发展，主动接触新的知识，并与酒店经营思维相融合，保持数字化转型的创新性，以便在竞争中领先。

第三节　酒店业数字化转型的路径

新冠疫情让大家看到了数字技术在政务、医疗、商业消费等各行业的应用优势，也为酒店业数字化转型提供了参考。酒店期望通过数字化转型实现经营业绩的持续增长，目前酒店行业的数字化转型还处于各类尝试阶段。酒店业不同于互联网行业，不具备高度数字化的组织架构与管理体系先天优势，要实现数字化转型，不仅需要从软硬件环境升级、制定适合管理体系开始，更要具备经营上的数字化思维。要高效地推进数字化转型，必须设计好数字化转型的路径，并予以实施。酒店业数字化转型的路径可以从以下几方面入手：

一、重塑酒店组织结构

（一）构建基于数字化逻辑的组织架构和管理体系

数字化转型前酒店组织架构以树形结构为主，便于对客户住店的每个环节提供优质细化服务，每个二级部门还会有更多下属分支，例如前厅下属还可以分为前台、礼宾等。图1-1这种树形结构酒店组织层级多，各部门员工工作内容较单一，复合型人才少。而集团化酒店管理公司，集团总部的岗位就更加丰富，有市场、品牌管理、运营中心、项目拓展、酒店建设、行政等一些职能部门。转型前的酒店组织架构在当前的社会环境下，存在以下几个常见问题：

第一，转型前一般为树形组织结构，层级较多，依赖人工服务。在数字化系统使用上，各部门使用各自软件管理系统。比如前台使用某一种PMS，收益管理独立使用另外RMS，另外还有销售部的CRS，人力资源的HRM，财务独立的软件系统，这些系统没有统一的平台管理，数据共享性差，运营决策效率低。此外，酒店往往还有专人对接OTA，独立应用分销系统的大数据分析工具，进行定价管理，与酒店系统没有实现衔接。在智能数字化设备使用上，市面上系统种类多，采购购入后往往点状化使用，不仅体验差，维护更新成本也高。

第二，运营管理上，依靠传统管理方式，沟通成本高。一般还是依靠人员的上传下达，采用传统的 execl 报表，在会议中决策。采用决策依据，往往各部门采用不同的系统数据，不仅存在偏差，有时还会造成对经营的误判，结果就是效率低，人力成本高。

第三，智能数字化设备运用点状、零散化，客户体验差。虽然酒店都安排专人维护酒店购置的智能化数字设备，但通常都是点状化使用，比如刷脸支付设备，没有与酒店的会员、运营系统衔接，还需要前台工作人员在支付设备设定好后，再请客户刷脸支付，仅仅实现了最后一步支付功能，与信用卡、微信支付的支付方式没有区别。

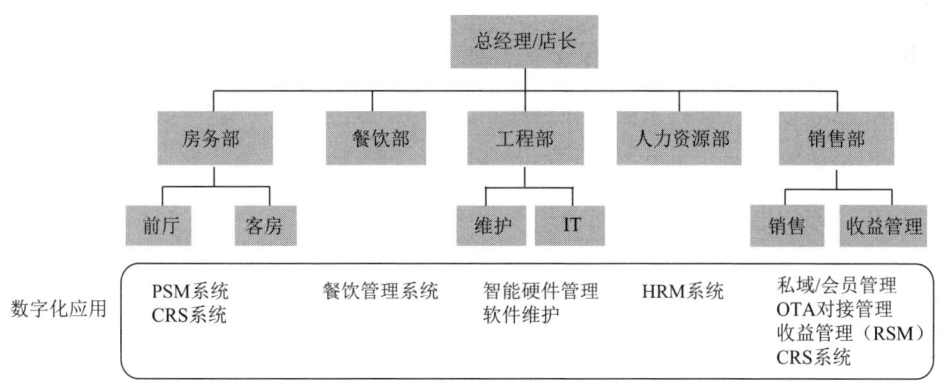

图 1-1 数字化转型前酒店组织架构和管理体系

当前，90 后已成为主流商旅客群，消费习惯已完全改变。这一代人从小就获得数字化生活的体验，更加注重便捷、智能、新奇、个性化、私密性。酒店的传统服务业务，类似酒店星级、房间面积、有无叫早服务等，已不是客户的首要参考因素。年轻客户更注重居住酒店的全程体验，不仅局限于睡觉时的舒适度，更看重附加属性，例如便捷的预订、智能入住离店、酒店个性主题、数字娱乐系统、房间智能控制等。未来，随着 00 后成为主力消费人群，对酒店的要求更加多元化，酒店要想在激烈的竞争中脱颖而出，必须借助数字化转型，应对客户需求的改变。

数字化转型后的酒店，组织结构是一个复合的组织结构，见图 1-2 所示。其既有树形线下管理，也有功能的矩阵管理，最重要的是经营的平台化管理。

这个平台化管理，是基于集成的酒店管理系统，可以是供应商提供，也可以是酒店集团自建成套系统。除了大型酒店集团，行业酒店较多使用的都是基于第三方服务商提供的 SaaS 酒店管理系统，其为酒店搭建基于数字化的软件、硬件运作平台。酒店无须再建设机房、购买服务器，可通过互联网使用此酒店管理系统。通过此系统，酒店决策层、各部门主管、员工可实现在同一平台下的经营管理。SaaS 的酒店管理系统是开放的集成系统，酒店生态链的供应商、OTA、客户、智能设备均可衔接此系统，完全突破之前的经营管理模式，经营效率大幅提高。重塑基于数字化转型的酒店组织架构需要关注以下几点：

第一，酒店架构要实现平台化。平台化最重要的两个特征，一个是实现扁平化管理，提高信息畅通，提高内部部门的沟通效率；另一个是在统一的管理系统下管控组织及业务。在数字化转型的过程中，无论采用第三方 SaaS 系统还是自己建设酒店管理系统，在重塑组织结构的过程中，一定要实现平台的扁平化决策机制。酒店决策者、管理者通过同一个扁平化的酒店管理平台和经营情况等即时数据的了解，实时做出经营决策，进行审批、授权，平台内各部门协同工作，高时效完成经营管理动作。当前的 SaaS 化系统完全实现了智能移动终端化，销售、前台、客房、餐饮、工程、财务等各个部门都可以随时用智能手机终端进行即时操作，协同高效、节省人工成本，省去了之前的串联审批过程。

第二，经营管理工具云端化。云计算、云处理、云服务器的发展，为各行各业数字化转型提供了便捷、价优的方式。在云技术出现之前，大型集团化酒店可以借助规模优势，打造完善的机房、服务器、软件系统，而很多中小型酒店难以投入大量资金建设数字化系统，只能在类似前台个别节点使用酒店管理软件，其他运营管理大多依靠人力完成。云技术和移动互联网技术的发展解决了两个关键的问题，一是酒店不需要再购买硬件服务器等设备，通过网络在云端服务器即可实现经营业务的处理；二是第三方供应商提供了集成化的酒店管理平台软件，酒店各业务线可以实现同一平台经营管理，不用再各自使用独立的软件；三是实现了经营数据的实时共享，规避了数据不一致产生的经营偏差，随着大数据技术的普及，供应商可以提供各个维度数据，如周边酒店价格调整、节假日客流、酒店周边热点事件等，酒店随时获取可进行经营调整。

第三，平台生态开放化。数字化转型后的酒店组织是一个平台化的生态网，是一个对酒店生态链各环节开放的平台。例如SaaS化后的酒店管理系统可实现与其他数字化平台数据的互联互通，并可随时拓展平台内部业务板块。如酒店生态链上重要的OTA平台，其营销系统可与酒店管理平台直连，在管理平台上不但可以随时处理OTA的订单，还可以进行收益分析，进行动态价格调整，实现收益最大化。现在的平台化酒店管理系统，还会留有客户接入端，可以管理个人的会员权益数据，便捷地完成住店过程，也可以通过这个平台操控智能设施。比如SaaS系统与微信系统是可以互通的，不仅客户可以实现开发票等功能，酒店也可以获取客户消费特征标签，并可以加以分析使用，可以定向给不同会员标签的客户发送不同的电子票券、积分等，实现点对点的精准营销，客户体验感也更强。

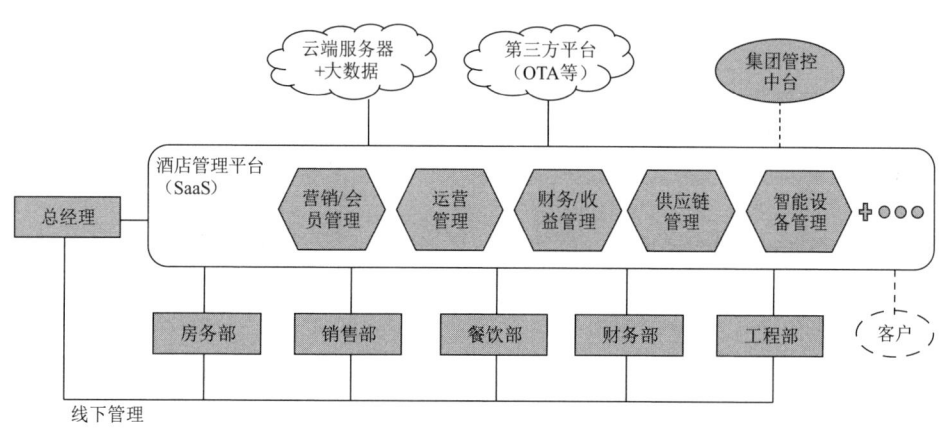

图1-2　数字化转型酒店组织架构图

（二）制定基于数字化思维的业务流程

转型后的组织业务流程要实现四个业务思维转变：一是将业务审批中的上下级并联到同一决策环境，解决业务审批的串联延迟；二是将酒店业务平台化处理，各部门协同配合提升运营效率；三是将业务前后端数据一体化，从营销前端到财务后端，借助数字化系统一体化处理；四是对客户的业务服务要智能化、人性化，增设智能设备，从客户的便捷入住，智能体验，到0秒退房，增强客户黏性。通过酒店业务流程的数字化，不仅可以降本增效，还可以为客户提供优质的服务体验。更为重要的是，在酒店业务推进过程中，通过数字化管理平台，统计分析数据，进行市场分析、收益管理，研判酒店发展机会，提升酒店竞争力。

二、重构客户体验环境

近几年，特别是移动互联相关技术的发展，有些酒店已为客户提供了颠覆性的居住体验，例如华住集团数字化转型之后，已经为客户打造了全新的数字化生活旅居体验。客户可以通过华住会APP自助选择自己喜欢的房间，进店时通过智能终端自助办理入住。在店期间，可以体验智能机器人送物等智能化设施服务，还可以通过华住会APP购买房间同款或华住商城其他商品。离店时客户可以线上申请电子发票和电子入住单据，华住为客户提供了数字化的住前、住中、住后全流程的居住服务。这些新的服务体验实质上是在数字化转型过程中的客户体验环境重构，不仅是酒店硬件设备、软件的更新，更是服务内容和流程贴合客户需求的革新。

（一）住前体验智慧化、便捷化

客户在入住酒店之前都会有一个预订的步骤，这个步骤对于客户和酒店来说，体验是不同的。酒店需要提供一个智慧的预订接口，主动地为客户推荐适合的选择，客户需要的是快速方便地选到自己所需的房间。在数字化酒店，双方需要的是一个智慧、便捷的住前体验环境。

构建智慧化的预订体系。以往客户预订酒店，一般会主动性在OTA或私域平台设置个人喜好，筛选酒店和房间，浪费较多的时间和精力，下一次住店还会重复这种筛选，体验感并不好。智慧化的预订体系不同于以往的方式，它通过云端的大数据处理，分析客户标签或分析私域会员喜好组合，从而预判客户的需求，在客户打开OTA或私域平台时，将酒店适合的产品推荐给客户，实现平台主动找客户，主动推荐最优产品，为客户匹配适合自己的旅居体验方案。

构建便捷化的入住程序。很多酒店已经开始尝试智能自助终端等便捷化的入住方式，提出"无感入住"，可以刷脸核验，然而客人整体的体验感并不强，很多客人在自助终端仅实现了入住的动作，很多需要和需酒店确认信息、服务还是会到前台与服务人员再次确认。便捷化的入住程序应该是一体化的客人住店需求确认过程，不仅仅利用智能终端快速实现身份核实、入住确认，还要将客户住店期间一系列服务要求、个性化要求在进房间之前一并确认。如客户到店前先在酒店管理平台客户端上选择个人的服务需求，如餐饮、房间温度、灯光调控、SPA预订等，到店后在自助终端刷脸核验后，预订的个性化服务开始生效。还可以通过客户端上收到推荐的酒店设施、城市景点、餐馆推荐、旅行和交通信息及预订链接等。

（二）店内体验智能化、个性化

酒店智能化的本质是让客人能够快速了解、搜寻、体验住店期间的酒店服务，方便客人体验自己想要的东西。现在很多酒店非常关注客户到店后的智能化设备的使用，如客户自助终端、送物（餐）机器人、导引机器人、房间智能客控等，为客户提供便捷的同时，也满足了客户一定的个性化需求。随着数字化转型的不断深入，酒店更应关注的是如何将智能化设备与客户个性化需求完美结合。酒店提供的主要是标准化的产品和服务，虽然出发点是客户需求和体验，但对于个性化需求，依靠店内人工和独立的智能化设备是不够的，个性化服务方案需要通常需要数据收集和分析系统，以及智能设备的控制体系，通过大数据匹配和分析客人特征，由系统更加智能地控制酒店设施，以满足客人个性化需求。

（三）住后体验平台化、延续化

客人住前、住中的数字化体验是科技与服务的完美结合，应着力于提升服务品质，满足客人的需求，科技与服务缺一不可，数字技术发挥驱动作用，服务体验发挥导向作用。酒店在数字化转型过程中，要不断进行服务升级，并将客户体验作为落脚点，不能简单地只追求应用更多的先进科技。对于离店后的客户体验又要着力在哪方面呢？

　　酒店考虑更多的应该是如何将酒店服务延续化，要把酒店管理系统作为一个生活平台。酒店可以从以下几个方面去拓展。

　　第一，通过互联网技术，与第三方合作，将酒店自己的私域建设成一个生活平台接口，将购物、旅游、娱乐等功能集合到私域平台，客户在离店后依然可以通过酒店管理客户端进行其他消费，酒店获得流量、收益的好处之外，还可以增加新会员基数，进而有益于酒店品牌、推广。

　　第二，建立会员荣誉体系，例如与酒店会员一起从事公益活动，参与社会公益的同时，增强会员的荣誉感、社会责任感，进而增强客户黏性。

　　第三，随着后疫情时代到来，人们的生活、工作方式改变，出差、旅游受到一定程度的影响，但可以看到一个趋势，人们更加愿意进行短途或本地游玩，这对于品牌连锁酒店或大型酒店管理集团来说，是个极大的机会，酒店可以通过会员积分兑换等方式，促进客户在家庭所在地酒店消费，不仅仅是度假体验，也可以是餐饮、娱乐、聚会等其他方式。酒店特别要借助会员体系和大数据分析，有针对性地推荐给本地会员各类服务。

三、升级酒店运营模式

（一）酒店建筑数字化是解决酒店运营痛点的有效途径

　　最近几年，AI、大数据、物联网、5G 等技术不断革新和完善，酒店在运营中智能化设备和服务应用越来越多，同时酒店行业平台化、集团化管理变得越来越广泛，酒店在利用数字化给客户提供智能体验同时，自身的运营数字化程度也越来越高，酒店逐步迈向运营数字化。但在酒店运营过程中，由于行业的特性，能耗损溢占支出比重大、管理成本高、运营效率低、客户体验更新快，一直是酒店业的痛点。解决这些运营问题，酒店建筑数字化是一条必经之路。建筑酒店数字化是以酒店为载体，利用 AI、大数据、物联网、云处理等数字化技术，建立酒店的智慧化控制系统。不仅可以解决酒店运营管理中的痛点，也会为客户提供更加丰富多彩的体验。

（二）建立酒店自动化控制系统、客房管理控制系统，创新运营模式

酒店自动控制系统是利用数字技术，特别是物联网、自动控制技术与酒店建筑设备融合的智能控制系统，解决酒店大量机电设备管理问题。传统的树形分散管理方式，不仅耗费大量的人力、物力，管理效果也不好。采用酒店智能自动控制系统之后，酒店便可以对机电设备进行高效、低成本的管理，使其保持安全稳定运行的同时，大幅降低能耗，同时减少人力和物力的投入，例如客房的空调可以随着房间状态设置为自动调节，避免房间无人状态的能耗浪费。客房管理控制系统主要利用物联网技术、自动化控制技术、AI技术、云处理等先进技术，形成统一的控制平台，可实现对酒店中央空调系统、弱电设备、网络设备、客房门禁系统、安防系统、智能灯光系统、背景音乐系统、服务系统等的智能管理。通过客房管理控制系统，可以实时了解客房状态、服务情况、设备设施使用情况、顾客需求等信息，可以高效准确地管控客房资源，改善顾客的入住体验。另外，客房管理控制系统已成为酒店管理系统的一部分，新技术、新应用的开发，为酒店的运营模式提供更多的创新可能，以降低成本，增加收益，提升客户体验。不少酒店已经开始打造智能交互客房，客人在房间内不仅可以通过声控语音指令和手机APP来控制灯光、温度、湿度、电视、窗帘、娱乐设备等，房间还配置有智能淋浴系统、智能镜子等，房间的智能感应装置也可以根据房间内客人的数量调控房间含氧量。这些智能化的控制设备都是基于强大客房管理控制系统管控，也不断地促进运营模式的创新。

四、创新酒店数字化营销策略

自从互联网产生以来，数字化媒体就一直蚕食着传统媒体的营销推广市场。特别近十年随着智能终端、移动互联、物联网、AI等技术的突破，各类新数字化媒介，如社交APP、短视频、直播APP迅猛发展，甚至类似丰巢快

递柜液晶屏的物联网终端都可以是营销推广的数字化媒介。在生活中，人们随时随地都可以接触到这些媒介，接触场景也更加多元、分散。酒店可以充分利用这些数字化营销媒介，搭建多元化营销矩阵，整合多种营销渠道协同发力，促使营销效果最大化，实现对目标顾客的多元化刺激，快速精准地连接到目标顾客。

数字化营销是一种利用互联网、云处理、物联网、大数据、智能设备等技术，以及数字交互式媒体推广产品与服务的营销模式。数字化营销手段随着新的数字技术应用改变，处于持续的创新状态。酒店在开展数字化营销的过程中要想取得先机，必须不断推陈出新，积极探索新的营销模式。

（一）打造酒店平台化的私域营销阵地

酒店私域的打造越来越得到中大型酒店管理集团的重视，即使是小型的个体酒店也会利用公众号、抖音等途径打造属于自己的客户引流阵地。早期酒店私域一般利用互联网页面展示酒店设施，提供页面预订接口，或提供邮件、电话形式引导客户预订。随着技术发展，酒店私域不仅仅是网页的展示，而是逐步形成一个综合性的服务平台，包括官网网页、酒店 App、公众号、抖音账号、客户端酒店管理系统等都是这个平台的一部分。其作用不仅局限于酒店的营销推广，可以将生活、旅游、娱乐、住店管理、公益等功能集合到私域平台，客户无论是否有住店需求，对酒店私域平台的关注将是持续的、长期的。在打造酒店私域时，要注意以下几点：

第一，关注私域会员体系建设，形成网状传播节点。在数字化生活下，传播变得非常便捷，要重视会员的宣传作用，通过会员活动、公益参与、积分兑换等形式让会员主动性分享酒店动态。另外要通过多种形式，培养会员的荣誉感和忠诚度。

第二，重新定义酒店与客户的关系，在私域平台进行服务创新和转型。对于酒店私域的打造，不能简单地作为宣传阵地，其功能需要更多创新和转型，比如私域平台设计客户端，用于管理住店期间的事宜，酒店私域对客户来说就转变为管理平台。技术的发展为服务的创新和转型提供了非常多的可能性。

第三，酒店私域的管理要注重互联网思维，是一个开放、共享化的平台。互联网的发展也重新定义了酒店的生态圈，不仅仅是酒店建设方、供应商等直接关联，而且消费领域各行各业都可以与酒店进行连接。例如，华住会 APP 的购物频道，不仅是出售酒店同款的第三方产品，而且也有各式各样的其他合作商家的产品。不仅与其他商家建立了一个生态圈，而且也可以将其他商家的消费客群纳入自己的生态圈，形成开放、共享的生态平台。

（二）差异化的 OTA 平台营销模式

这些年 OTA 的发展深刻影响着酒店业的经营和管理模式，为广大酒店，特别是中小型酒店带来了稳定的客流。其服务内容主要有酒店咨询、在线预订、支付、评价等，随着数字技术的快速发展，OTA 平台也在不断地创新和改进服务。酒店业在此过程中也需要随之改变，适应客户对 OTA 的使用变化，并通过不断创新在 OTA 众多商家中脱颖而出，赢得竞争优势。

第一，随着技术发展，OTA 平台也在各类创新尝试，为客户提供更多元的访问模式。酒店要分析客户在 OTA 平台的访问习惯和决策因素，从而针对性调整在 OTA 的展示设置，提高客户对本酒店的关注度。

第二，分析本酒店客户在 OTA 平台的关注点和点评，针对性调整营销政策和活动措施。增加流量的同时，提升客户满意度和忠诚度。

第三，增强与 OTA 其他行业的合作，例如航空公司、旅行社、餐饮企业等，制定互利互惠的促销活动或会员共享，充分利用 OTA 平台资源。

（三）数字化新媒体的多元化策略

在数字化时代，数字化新媒体形式非常多样化，人们接触这些新媒体的场景多、时间长。各行业紧随数字化媒体趋势，进行形式多样的数字化营销，客户可以随时随地比较、分享、决策各类商品的购买。酒店业在数字化新媒体的应用场景已经非常多，例如当前的度假型酒店，利用直播方式可以充分让客户了解信息，提前感受可享受的服务。数字化新媒体具有多元、便捷、成本低的先天优势，是酒店非常具有性价比的数字化营销手段，特别对于很多个体酒店，通过新媒体快速精准地连接到目标客户，成为酒店生存的关键。数字化新媒体的多元化策略需要关注以下几点：

第一，客户接触的多种多样新媒体，酒店的数字化新媒体应用要采用多元矩阵方式，整合多种新媒体营销渠道，利用渠道间的协同联动促使营销效果最大化，实现对目标顾客的多层次覆盖与持续影响，提升酒店曝光度和关注度。

第二，紧随新媒体变化潮流，创新营销模式，及时制定针对性的销售策略。无论是微信公众号、抖音、直播，还是搜索引擎、问答社区、社区广告屏，客户的关注点和习惯都不同，酒店要分析每个新媒体受众的特点，制定对应的政策和活动，吸引受众的关注和参与。

第三，借助数字化新媒体具有的开放、共享的特点，与其他众多行业共同制订基于大数据客户标签的活动和广告推广，比如与网络影视剧的合作，与茶叶种植、销售公司的合作，都可以建立客户的共通性，共享推广渠道，共享客户，共享收益。

五、酒店业数字化人才培养

近年来酒店行业的数字化转型，从开始的数据信息化，到智能设备的采用，再到现在整体服务场景的营造，整个行业正在向数字化智慧平台发展。在这个过程中，第三方数字化应用供应商只能提供初期的技术支持，之后的数字化应用需要酒店人员自身熟悉使用，如果没有专业的酒店复合型数字人才，数字化转型只是空谈，酒店的数字化转型只能停留于各种智能化产品的应用，并不能产生聚合的效果，再多的智能化设备也不能在运营中充分发挥作用。所以酒店行业要推动和实施数字化转型，除了应用技术和设备外，另外一个核心因素就是复合型的数字化人才。

（一）酒店业自身要加强复合型酒店数字化运营人才培养

在数字化转型的大背景下，酒店要实现数字化运营，需要既懂业务，又要熟悉数字化应用的复合型人才。这类复合型数字化人才的培养与储备将成为推进数字化转型的关键。这里所说的数字化复合型人才不是指从事数字化技术工作的专业人员，而是指参与数字化运营相关的酒店各岗位人员。这些人员无论从理论上还是实践上，都要掌握其所在岗位数字化运营的原理和方法，并熟练使用相应的数字化管理系统来完成工作。培养复合型酒店数字化人才需要关注几点：

第一，酒店管理团队的数字化思维转变。酒店业作为一个传统服务行业，一直强调的是以人工服务为主。在这个数字化时代的巨大变革下，主流客群的思维模式发生了改变，酒店业人员也要转变思维，适应潮流，特别是核心管理人员，管控着酒店的发展路径，如果不转变思维，就无法紧随变化。

第二，员工的数字化知识和应用能力培养。数字化转型是个系统的工程，包括软硬件的使用和业务流程的改变，更新变化快，酒店要关注员工知识储备和应用能力培养，包括服务供应商的培训和内部组织的培训。

第三，加强数字化服务商的协同。随着数字化应用发展，服务供应商的服务内容和方式也发生了很大变化，可以为酒店提供长期化的各类合作方式，酒店在转型过程中，可以借助服务商快速开展工作。

（二）院校复合型酒店数字化人才培养

酒店业每年会从各类院校招聘大量员工，酒店推行数字化运营，面临的主要问题是数字化专业人才的供给问题，院校要加强具有数字化能力的各类专业人才的培养。如在酒店管理专业增加数字化运营，培养出更多符合时代要求的综合型人才。过去，酒店管理专业的学生主要学的是文科方面的知识，很少接触到理科方面的知识。数字化运营的提出，就需要学生在学习文科知识的同时，还要学习一定的理科知识，以便能够胜任数据分析工作，与数字化运营接轨。

第二章
酒店业数字化转型背景下人才需求现状

第二章 酒店业数字化转型背景下人才需求现状

第一节 产业链、技术链、人才链分析

当前中国酒店业进入了包含传统星级酒店、经济型酒店、中端酒店、民宿、公寓等共享住宿与多元住宿业态并存的大住宿业时代。根据本校的实际情况，我们主要选取大住宿（酒店、非标酒店等）、餐饮行业作为目标行业。为了了解数字化转型背景下行业人才的需求现状，团队联合数据调研分析公司，利用大数据、人工智能技术对行业中典型的职业岗位群及其人才需求、任务能力等展开分析。流程如下：首先，分析区域产业发展特性及产业人才需求、产业发展趋势，并面向产业链的关键节点，聚焦行业核心技术，明确对应的职业岗位群；其次，针对各岗位需求数据进行多维度的挖掘分析，从人才需求数量、需求城市、经验、薪资、学历、工作经验等维度进行分析；在此基础上，根据行业人才招聘信息的"职责描述""任职要求"梳理形成岗位工作任务和职业能力分析；最后，汇总分析这些调研结果为人才培养方案制订与实施提供参考，整体过程如图2-1所示。

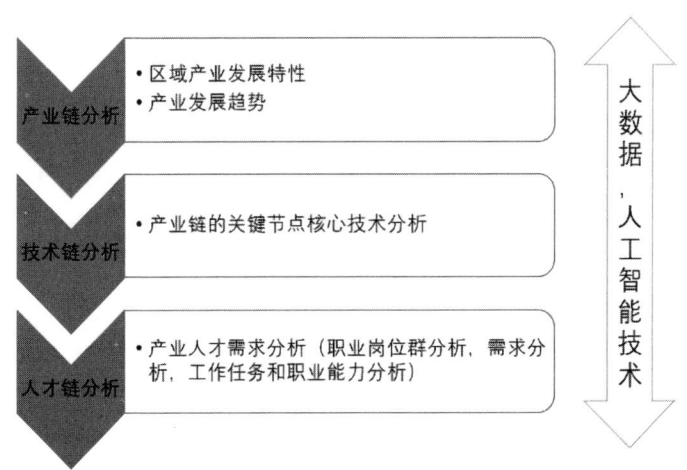

图2-1 分析过程示意图

产业链分为狭义产业链和广义产业链。狭义产业链是指从原材料一直到终端产品制造的各生产部门的完整链条，主要面向具体生产制造环节；广义产业

链则是在面向生产的狭义产业链基础上尽可能地向上下游拓展延伸。产业链向上游延伸一般使得产业链进入基础产业环节和技术研发环节，向下游拓展则进入市场拓展环节。产业链的实质就是不同产业的企业之间的关联，而这种产业关联的实质则是各产业中的企业之间的供给与需求的关系。

项目组通过对学校专业建设基础与发展方向分析，结合行业专家的经验、知识，明确本专业对接的产业方向为大住宿业和餐饮业，对产业进行微观分析，得到了经过梳理相关产业，得到大住宿产业的产业链。本专业所面向的核心产业、行业关联的纵向产业及中间衍生产业的产业链，上游是为酒店运营和投资提供用品和服务的供应商，除了有传统的各类酒店物资提供商，还包括近年涌现的酒店用品采购供应链平台、各种酒店系统供应商、金融服务商等。特别值得一提的是上游信息化系统成为住宿、餐饮企业信息化管理和办公自动化的重要基础。中游是指为直接进行服务的住宿及相关企业主体，包括各类酒店、非标住宿等以及与此关联的购物、饮食与娱乐企业。下游是指帮助住宿餐饮主体销售产品的各类在线分销商、UGC 机构、代运营、营销服务与咨询机构，如图 2-2 所示。

一、产业链对接技术链分析

基于上述构建的产业链，项目组经过调研分析访谈，聚焦技术链，考虑本专业人才培养目标和定位，得出酒店业上游为供应环节，主要技术包括信息化系统集成技术、酒店建设装修、金融服务技术（投资、融资、建造环节）等；产业链的中游为酒店及其辐射和相关的行业（餐饮、娱乐、景区等）的运营环节，主要技术/服务包括市场营销技术、信息化管理应用技术、智能产品应用技术、酒店房务运营管理服务、对客服务、餐饮服务、收益管理技术、人力资源管理技术等；产业链的下游为产品分销环节，主要技术/服务包括信息化管理应用技术、数字营销技术、商务拓展服务、内容创作技术、OTA 运营技术等。

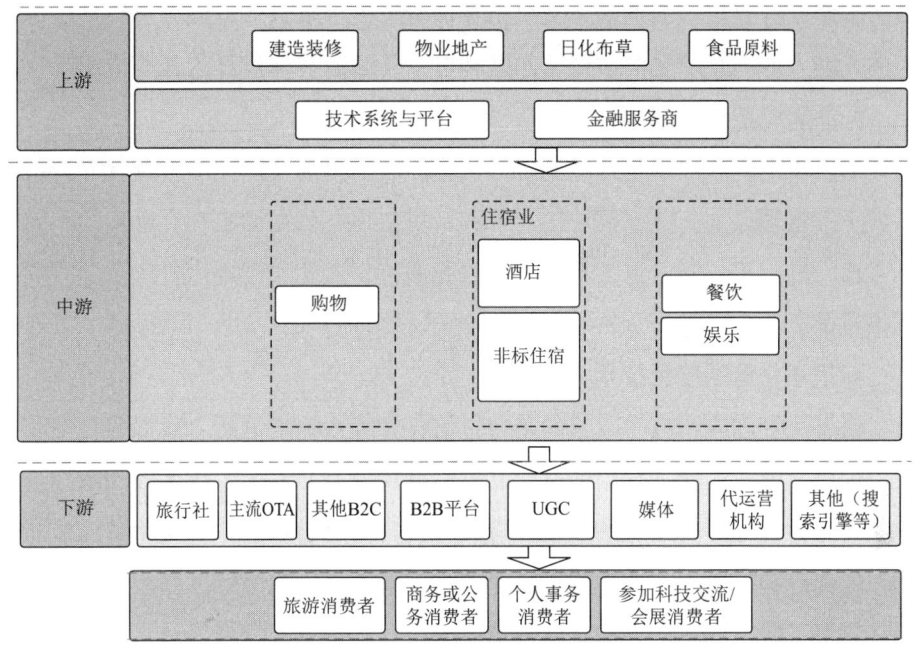

图 2-2　住宿餐饮业产业链示意图

1. 信息化系统集成技术

信息化系统集成技术，指的是将计算机软件、硬件、网络通信等技术和产品集成为能够满足特定需求的信息系统，包括总体策划、设计、开发、实施、服务和保障。信息化系统要具备数据采集、信息保存、信息处理、传输控制等信息处理能力，这将成为企业信息化管理和办公自动化的重要基础。从前台客人入住登记、结账到后台的财务管理系统、人事管理系统、采购管理系统、仓库管理系统都将与智能管理系统连接融合，构成一套完整的企业信息化科学体系。

2. 酒店建设装修技术

酒店装修技术，指的是依据一定建筑设计理念和艺术审美形成的一整套施工方案和设计方案，进行房屋建筑内部水电施工、墙体、地板、天花板、景观等的施工。酒店装修设计要有自己的主题，具有设计的灵魂和创新，突出整个酒店的氛围。酒店设计需要统筹兼顾，如酒店功能布局、分区设计、总体规划与设计、建筑设计、内外景观、室内设计、水电线路布置、安全标志，等等。

酒店装修设计要根据当地的人文风格和消费者需求来设计，酒店最终是服务客人的，客人的满意才是酒店经营的盈利点，是酒店装修设计的长期价值。

3. 酒店资产管理技术

酒店资产管理技术是通过制定、执行、酒店全部资产（酒店及其支持系统平台）的管理计划，并根据业主需求和市场变化，依据酒店资产管理的不同周期（投、融、建、管、退）不断进行自我调整，由此实现酒店资产合理的资产回报目标。

4. 信息化管理应用技术

信息化管理应用技术，指的是通过信息管理系统把消费者数据的收集和唯一身份档案建立结合，在内部系统共享信息和资源，利用系统生成的用户画像和消费行为进行更多层次的数据分析，寻找自己的潜在客户，从而精准地捕获用户的痛点和需求，有效地支撑企业的决策系统，达到降低库存、提高生产效能和质量、快速应变的目的，增强企业的市场竞争力。

5. 智能产品应用技术

智能产品应用技术，指的是将 IT 技术与业务产品连接起来，为客人提供信息化、智能化、个性化服务，智能产品包括：送餐机器人、指引机器人等。实现智能生活不仅符合国家相关政策、倡议、规划，也是住宿餐饮产业的数字化转型未来发展的必然趋势。因此未来酒店业人才需要具备人机协同工作能力。

6. 酒店接待服务技术

酒店前厅接待人员面对各种文化背景、各种消费类型的宾客，均能展现出良好的职业形象、礼仪修养、艺术气质、销售与推荐技巧等，以服务住店宾客，满足其需求，为其创造良好的入住体验。

7. 餐饮服务技术

是指运用丰富的国内、国际美食、饮品和美食服务方面的专业知识，遵守高标准的服务规范，运用娴熟的服务技能与高效的沟通技巧、良好的礼仪举止为客人提供中餐服务、西餐服务、酒吧服务、宴会服务。

8. 酒店运营管理技术

酒店运营管理技术,指的是具有良好的酒店服务与管理素养,深谙酒店各部门业务,具备酒店督导以及现代酒店经营与管理专业技能,能在最大的经济效益与最佳的客户满意度之间取得良好的平衡。酒店运营管理包括制订酒店各业务部门工作计划、服务标准,进行人员的工作分工、领导和监督。

9. 餐饮运营管理技术

餐饮运营管理,指的是根据商圈、客流和当前市场情况进行分析,制定标准化的服务流程,负责相关产品传播以及品牌形象的宣传等。根据市场变化和发展,制定切实可行的市场营销工作策略、散客开发,并组织实施和有效控制方案,从而提高客户满意度并为企业带来利润。

10. 收益管理技术

收益管理是指将合适的酒店产品在合适的时间、通过合适的渠道、以合适的价格销售给合适的顾客,收益管理技术是一种谋求酒店收入最大化的经营管理技术。

11. 人力资源管理技术

人力资源管理是指企业运用现代管理方法,对人力资源的获取(选人)、开发(育人)、保持(留人)和利用(用人)等方面所进行的计划、组织、指挥、控制和协调等一系列活动,最终达到实现企业发展目标的一种管理行为与技术。

12. 酒店财务管理技术

酒店财务管理是指酒店企业利用货币形式的组织管理活动,以营利为主要目的,按照资金运动规律和国家财经政策,筹集、运用、分配和监督企业资金,协调、处理酒店企业同各方面的财务关系的一项经济管理技术。

13. 数字营销技术

数字营销技术,是使用数字传播渠道来推广产品和服务的实践活动,从而以一种及时、相关、定制化和节省成本的方式与消费者进行沟通。数字营销以用户为核心,通过提升客户忠诚度和获取新客户来实现资产的增殖,主要包含社交媒体、付费搜索、搜索引擎优化、程序化购买、私域流量管理、短视频营销、OTA 运营等手段与方法。

14. 商务拓展技术

商务拓展技术，指的是根据公司战略，连接并推动上游及平行的合作伙伴结成利益相关体，与相关政府、媒体、社群等组织及个人寻求支持并争取资源的能力。

二、技术链对接人才链分析

住宿餐饮产业上游的房源供应包含信息化系统集成技术、酒店装修技术等关键技术／服务，对应的主要人才有信息化系统集成人才、酒店设计装修人才、酒店资产管理人才等；住宿餐饮产业中游的企业／门店运营包含信息化管理应用技术、智能产品应用技术、数字营销技术、酒店接待服务技术、餐饮服务技术、酒店运营管理、餐饮运营管理服务、收益管理、人力资源管理、财务管理、数字营销等关键技术／服务，对应的主要人才有酒店接待服务人才、餐饮服务人才、酒店运营管理人才、餐饮运营管理人才、收益管理人才、人力资源管理人才、酒店财务管理人才、数字营销人才、酒店销售人才等；住宿餐饮产业下游的产品营销包含信息化管理应用技术、数字营销技术、商务拓展服务等关键技术／服务，对应的主要人才有数字营销人才、酒店销售人才、商务拓展人才等。

在住宿餐饮产业绿色化、数字化、多业态化的背景下，企业需要具备数字化平台应用能力的服务型高素质技能人才，在客户服务上运用数字化技术提升服务效率；在企业的管理、运营、办公模式上，运用数字化技术提升工作效率。从传统工具到智能工具、从经验决策到"数据＋算法决策"，高素质服务型人才的需求与日俱增。数字化转型背景下，缺乏专门的数字化人才是阻碍其数字化战略落地的重要因素。

目前在运营层面，住宿餐饮产业数字化人才的缺口主要是数字化营销及收益岗位。对于这些人才的素质要求主要有三个方面：第一是住宿餐饮产业数字化意识和认知的培养，第二是能应用新技术、新手段进行运营的能力，第三是酒店业精细管理能力。因此，住宿餐饮产业数字化转型越来越需要既懂业务又懂数据的复合型人才。

1. 信息化系统集成人才

信息化系统集成人才，主要是指为满足特定需求，将计算机软件、硬件、网络通信等技术和产品集成为信息系统，包括总体策划、设计、开发、实施、服务和保障等工作的人才，对应的岗位有 IT 专员、IT 主管等岗位。随着住宿餐饮产业数字化转型的发展，信息化系统将成为企业信息化管理和办公自动化的重要基础，信息化系统集成人才需求将会持续大幅增长，国内职业教育可以加大培养，以适应产业发展趋势。

2. 酒店设计装修人才

酒店装修人才，主要是指能够设计酒店总体装修方案，能依据施工方案和设计方案，进行房屋建筑内部水电施工、墙体、地板、天花板、景观等施工的人才，对应的岗位有酒店装修施工员、酒店装修项目经理等岗位。酒店最终是服务客人的，客人的满意才是酒店经营的盈利点，这是酒店装修设计的长期价值。随着住宿餐饮产业的发展，酒店装修人才需求将会持续增长，职业教育需加大培养力度，以适应产业发展趋势。

3. 酒店资产管理人才

酒店资产管理人才，主要是指能够监管酒店运营、管理酒店投资回报的专业人才，对应的岗位有酒店资产经理。如果将酒店资产比作一艘航船，酒店资产经理身兼轮机长和领航员于一身，能最高效地利用各种资产，以最快的速度使航船抵达目的地。当前中国经济从追求"量"向"质"转变，国内酒店业多项经营数据指标出现下滑的现状下，盘活酒店资产任重道远，缺乏这类人才也是当前及未来很长一段时间内面临的挑战。

4. 酒店接待服务人才

酒店接待服务人才，主要是指接待客人、办理相关入住、退房等服务及协助酒店日常管理的人才，对应的岗位主要有礼宾员、酒店前台接待、宾客关系主任、酒店前厅经理等。随着智能产品的普及，这部分职能再分配也是重要的一环，对人机协同能力有要求。因此这类人才在我国具有较大的市场潜在需求，培养这类具有数字化意识的复合型人才，符合学校定向培养人才以适应产业发展趋势教学培养的目标。

5. 客房服务人才

客房服务人才，主要是指负责酒店客房清洁及为住户提供生活其他帮助的人才，对应的岗位主要有客房服务员、洗衣房服务员、康乐服务员等，这类人才是该产业至关重要的一环，该产业最需要强化的环节依然是与客人之间的交互，交互少意味着很难引起客人的共鸣。因此，这类人才在我国具有较大的市场需求。

6. 客房运营管理人才

客房运营管理人才，主要是指客房的整体经营和运作，检查客房的设施和管理，提升部门整体工作质量及工作效率，组织、编制部门工作程序及工作考评的人才，对应的岗位主要有客房协调员、客房经理、康乐经理、房务总监等，随着住宿市场的扩大，对客房运营管理方面的人才需求将会持续大幅增长。对于职业教育人才培养来说，培养符合未来发展趋势的复合型人才是侧重点，同时培养客房运营管理人才，符合学校定向培养人才以适应产业发展趋势的教学培养目标。

7. 餐厅服务人才

餐厅服务人才，主要是指对酒店餐厅顾客提供服务，包括：餐前服务、接待服务、餐间服务、餐后服务，对应的岗位主要有中餐厅服务员、西餐厅服务员、酒水销售员、侍酒师、餐饮店长等。目前随着现代信息技术的融入及经济向好的影响，餐饮业就业规模仍在不断扩大、人均营业收入有所提高，服务是餐厅的重要组成部分，这类餐厅服务人才也是具有较大的市场需求，培养该类人才是符合学校定向培养人才以适应产业发展趋势。

8. 餐饮运营管理人才

餐饮运营管理人才，主要是指根据餐饮店的发展来制订跨行业的发展计划并予以执行，和上游及平行的合作伙伴建立畅通的合作渠道，与政府相关部门、行业协会等机构沟通寻求支持并争取资源的人才，对应的岗位有餐饮协调员、餐饮会员营销经理、餐饮店长、餐饮品控经理、餐厅经理等。随着餐饮市场的扩大，对餐饮运营管理方面的人才需求将会持续大幅增长，学校可以制订定向培养人才计划。

9. 数字营销人才

数字营销人才，主要是指使用数字传播渠道来推广产品和服务的实践活动，从而以一种及时、相关、定制化和节省成本的方式与消费者进行沟通的人才，对应的岗位有数字营销专员、新媒体运营专员、市场传讯专员、OTA运营专员等岗位。随着住宿餐饮产业数字化转型的发展，数字营销人才需求将会持续大幅增长，学校可以定向培养人才以适应产业发展趋势。

10. 酒店销售人才

酒店销售人才，主要是指负责酒店内各项接待服务跟进，提交月销售、拜访计划，策划酒店内部各部门的推销和宣传活动，开发、跟踪和维护客户，了解客户分类情况及各类型客户的需求特点，优化客源结构的人才，对应的岗位主要有酒店销售代表、酒店销售协调员、MICE销售、酒店销售经理等。近年来，随着住宿餐饮产业数字化转型的发展，酒店销售相关的岗位要求也随之有了变化。为了更好地适应当前市场的需求，培养能将相关的数据意识应用到业务场景中的销售人才，是国内职业教育加大培养力度的必然趋势。

11. 酒店收益管理人才

酒店收益管理人才是指从事酒店收益相关工作，能对酒店市场进行预测、能管理细分市场、能进行市场定价、存量控制、超额预定、销售渠道管理等工作的复合型人才。在当前酒店业竞争日趋激烈的情况下，酒店对收益管理人才的需求越来越大。

12. 酒店人力资源管理人才

酒店人力资源管理人才是指从事酒店 HR 相关工作，能完成酒店人力资源战略与规划、酒店人才招聘与配置、绩效管理、酒店员工培训与发展、酒店薪酬管理与激励、酒店员工关系与管理等六大方面工作的专业型人才。

13. 酒店财务管理人才

酒店财务管理人才是指从事酒店财务部相关工作，能完成酒店预算管理、成本费用管理、利润管理、资金管理等工作的专业性人才。对企业的经营发展的稳定性有非常重要的作用。

14. 商务拓展人才

商务拓展人才，主要是指拓展 OTA 平台与住宿、餐饮的企业／门店合作项目，维系合作伙伴关系，深度发掘合作伙伴需求，对内协调公司内部各部门，保证项目运营，策划、组织和督导所负责项目的市场推广活动的人才，对应的岗位有酒店 BD 专员、餐饮 BD 专员、酒店 BD 经理等岗位。随着住宿餐饮产业数字化转型的发展，商务拓展人才需求将会持续大幅增长，学校可以制订定向培养人才计划。

第二节　产业人才需求大数据分析

项目组联合大数据分析公司，应用 AI 技术，从能力要求、学历要求、工作经验要求等方面与全行业岗位人才需求数据进行匹配，分析得出岗位与产业的关联度，最终选取了在住宿餐饮产业中最具代表性、与住宿餐饮产业关联度最高且最符合学校特色定位的各业态、各级别共 60 个岗位进行分析。

一、产业对标岗位分析

结合学校专业及产业的特点，岗位分析分为营销收益类、餐饮/住宿服务类、运营管理类及其他类。其中关联度的计算方法如下：运用大数据技术及人工智能技术，通过大数据分析获取并解析全行业数千岗位的数据信息，构建岗位标准画像，以岗位的行业领域对接、岗位相关行业领域企业需求占比、技能要求、知识要求、综合能力要求、核心工作要求等因素，深入挖掘产业与岗位间的关联对接关系。在一个岗位中，如果招聘该岗位的企业基本来源于住宿餐饮产业，岗位属于产业内的代表性或核心岗位，其技术技能要求、工作任务要求与住宿餐饮产业各环节中的一些核心任务要求均较为符合，再结合其他一些相关因素的综合计算分析，则该岗位与住宿餐饮产业的关联度会相对较高。以算法分析结果为基础，结合分析师、行业专家专业的数据认知及行业专业知识，对整体产业关联岗位结果进行进一步的审核与调整，得出最终的分析结果，如表 2-1 所示。

表 2-1　产业对标岗位

序号	类别	岗位名称	关联度	岗位描述
1	营销类	酒店预订员	94.72%	酒店预订员，指从事酒店预订服务，与顾客进行入住时间、房间档次及相应服务基本沟通的人员
2	营销类	酒店预订经理	81.86%	酒店预订经理，指从事酒店预订服务，管理所有预订渠道，对历史数据和当前预订的分析、监控并确定市场需求，对每周的房间收入进行预测，确保有市场划分以保证收益最大化的管理人员

续表

序号	类别	岗位名称	关联度	岗位描述
3	营销类	酒店收益专员	88.16%	酒店收益专员，指从事市场需求预测，制订和执行营业预算及经营计划，制订总体营业目标及行动方案，对收益情况做出分析的人员
4	营销类	酒店收益经理	59.93%	酒店收益经理，指从事市场需求预测，为酒店争取市场关键时机，协助各下属酒店公司收益最大化，提高市场份额，制订和执行营业预算及经营计划，制订总体营业目标及行动方案，对收益情况做出分析，召开收益信息会、收益管理分析会的管理人员
5	营销类	酒店销售代表	92.67%	酒店销售代表，指从事酒店内各项接待服务跟进，提交月销售拜访计划，策划酒店内部各部门的推销和宣传活动，开发、跟踪和维护客户，了解客户分类情况及客户的需求特点，优化客源结构的人员
6	营销类	酒店销售协调员	89.25%	酒店销售协调员，指的是在酒店从事协助部门总监实施销售策略并完成销售任务，管理客户资源并且保留与及时更新所有客户信息，按销售团队的要求准备各种行政文件，协助销售团队准备和执行销售方案或计划，发展新客户并维护现有客户的人员
7	营销类	MICE 销售	85.47%	MICE 销售，指的是从事企业客户国内、国际会议、境内外奖励旅游、商务考察等大型团队的客户开发、维系，实现长期合作关系；新客户市场开拓，介绍公司具有竞争力的产品及服务；执行销售计划并完成相应的业绩指标，完成企业客户报价、合同签订、旅游及会议执行、款项催收等工作的人员
8	营销类	酒店客户经理	89.41%	酒店客户经理，指负责与潜在的客户及合作伙伴保持密切的联系，实施客户关系管理，监视和报告市场及竞争者的情况，准备销售报告，确保市场及客户信息的准确性，管理客户档案数据库的管理人员
9	营销类	酒店销售经理	88.66%	酒店销售经理，指从事酒店内各项接待服务跟进，提交月销售拜访计划，策划酒店内部各部门的推销和宣传活动，开发、跟踪和维护客户，了解客户分类情况及客户的需求特点，优化客源结构的管理人员
10	营销类	酒店 BD 专员	93.83%	酒店 BD 专员，指根据酒店的发展来制定跨行业的发展计划并予以执行，和上游及平行的合作伙伴建立畅通的合作渠道，和相关政府部门、行业协会等机构沟通以寻求支持并争取资源的人员
11	营销类	酒店 BD 经理	86.64%	酒店 BD 经理，指根据酒店的发展来制订跨行业的发展计划并予以执行，和上游及平行的合作伙伴建立畅通的合作渠道，和相关政府、协会等机构沟通以寻求支持并争取资源的管理人员

续表

序号	类别	岗位名称	关联度	岗位描述
12	营销类	餐饮 BD 专员	96.66%	餐饮 BD 专员，指根据餐饮店的发展来制订跨行业的发展计划并予以执行，和上游及平行的合作伙伴建立畅通的合作渠道，和相关部门、行业协会等机构沟通以寻求支持并争取资源的人员
13	营销类	餐饮 BD 经理	91.17%	餐饮 BD 经理，指根据餐饮店的发展来制订跨行业的发展计划并予以执行，和上游及平行的合作伙伴建立畅通的合作渠道，和相关政府、政府部门行业协会等机构沟通以寻求支持并争取资源的管理人员
14	营销类	OTA 运营专员	89.49%	OTA 运营专员，指的是负责酒店 OTA 渠道开拓及上线、OTA 渠道政策维护及优化、分析各大渠道的优势和特点、组织和策划产品推广等工作内容的工作人员
15	营销类	OTA 运营经理	63.63%	OTA 运营经理，指的是负责酒店 OTA 渠道开拓及上线、OTA 渠道政策维护及优化、分析各大渠道的优势和特点、组织和策划产品推广等工作内容的管理人员
16	营销类	新媒体运营专员	92.16%	新媒体运营专员，指的是从事酒店、民宿、餐厅等高端款待业的新媒体宣传与推广，新建、运营与维护公司短视频、马蜂窝、微博、公众号等平台，平台内容的选题、采编、撰写、编辑、发布，组织和策划各类线上活动方案的人员
17	营销类	市场传讯专员	85.44%	市场传讯专员，指的是根据酒店市场传讯工作目标及计划，负责策划、组织、联络、执行相关媒体关系、市场投放或活动策划及执行工作的人员
18	营销类	数字营销专员	79.82%	数字营销专员，指使用数字传播渠道来推广产品和服务的实践活动，从而以及时、相关、定制化和节省成本的方式与消费者进行沟通的人员
19	营销类	酒店会员营销经理	81.99%	酒店会员营销经理，指的是从事酒店会员管理，提升会员数量与销售转化，策划针对会员的主题营销活动与营销方案，提升老客户回购率，建立会员监控体系，制作报表，为品牌运营提供数据支持，关注各项会员指标进度，优化系统运营环境的管理人员
20	营销类	餐饮会员营销经理	80.66%	餐饮会员营销经理，指的是从事餐饮会员管理，提升会员数量与销售转化，策划针对会员的主题营销活动与营销方案，提升老客户回购率，建立会员监控体系，制作报表，为品牌运营提供数据支持，关注各项会员指标进度，优化系统运营环境的管理人员
21	营销类	活动策划专员	92.22%	活动策划专员，指从事酒店活动策划，提升企业的知名度及品牌美誉度的人员

续表

序号	类别	岗位名称	关联度	岗位描述
22	餐饮/住宿服务类	西点师	67.32%	西点师,指学习专业西式面点技术,通过技艺和设计产品得到薪酬的酒店工作人员
23	餐饮/住宿服务类	酒水销售员	77.07%	酒水销售员,指从事完成所辖区域的酒水产品销售任务,市场的开拓、客户开发、网点的布局及新客户前期进场谈判,掌握所辖区域内客户酒水产品进、销、存情况,及时跟进客户提货计划和物流发货状况,以及渠道促销方案的制订的人员
24	餐饮/住宿服务类	宴会统筹	93.17%	宴会统筹,指从事宴会及会议的统筹日常运营,宴会会议统筹相关的事宜,做好宴会、会议前期及活动中的宴会协调、预订及各类会议的后期信息反馈收集、协助处理其他文书等一系列的跟进,收集客人的反馈意见及建议,维系客户关系的人员
25	餐饮/住宿服务类	调酒师	73.19%	调酒师,指的是负责吧台各项监督检查、吧台酒水饮料出品、调制各类酒品及无酒精饮料等工作内容的工作人员
26	餐饮/住宿服务类	调饮师	74.09%	调饮师,指对茶叶、水果、奶及其制品等原辅料通过色彩搭配、造型和营养成分配比等完成口味多元化调制饮品的人员
27	餐饮/住宿服务类	咖啡师	78.17%	咖啡师,指的是负责为顾客提供咖啡饮品及餐点、保持咖啡厅环境整洁、掌控产品成本、收集客户对产品的反馈并改进以及确保备齐各种物料等工作内容的工作人员
28	餐饮/住宿服务类	茶艺师	74.27%	茶艺师,指的是负责茶水冲泡及客户接待、茶具的清洁保养、茶室区域的日常管理等工作内容的工作人员
29	餐饮/住宿服务类	评茶员	72.26%	评茶员,指运用感官评定茶叶色、香、味、形的品质及等级的人员
30	餐饮/住宿服务类	侍酒师	74.57%	侍酒师,指从事门店酒水服务,掌握相关流程,熟悉各种酒水知识,根据客人的需求推荐合适的酒的人员
31	餐饮/住宿服务类	中餐厅服务员	70.75%	中餐厅服务员,指的是在中餐厅为餐厅顾客提供服务,包括:餐前服务、接待服务、餐间服务、餐后服务的人员
32	餐饮/住宿服务类	西餐厅服务员	71.33%	西餐厅服务员,指的是在西餐厅为餐厅顾客提供服务,包括:餐前服务、接待服务、餐间服务、餐后服务的人员
33	餐饮/住宿服务类	酒水员	66.69%	酒水员,指的是负责酒水出品和接待服务、酒水出货和进货盘点、酒水摆放与整理等工作内容的工作人员

续表

序号	类别	岗位名称	关联度	岗位描述
34	餐饮/住宿服务类	礼宾员	68.68%	礼宾员,指的是负责接待和迎送到访客户、为客户做好停车指引、接听电话并做好餐厅预定记录等工作内容的工作人员
35	餐饮/住宿服务类	酒店前台接待	69.11%	酒店前台接待,指的是负责受理不同形式的客房预定、为客人快速办理入住及退房、准确掌握房态以及协助酒店日常管理的工作人员
36	餐饮/住宿服务类	客房服务员	64.62%	客房服务员,指从事宾馆或酒店的客房清洁及为住户提供相关生活帮助的服务人员
37	运营管理类	餐饮协调员	78.82%	餐饮协调员,指的是从事餐饮部文书工作和内务处理,例如餐饮部考勤、报告的存档、分发和呈送,收集和整理有关餐饮资料并存档的人员
38	运营管理类	公寓运营经理	60.51%	公寓运营经理,指的是制订公寓的运营计划,定期进行运营状况分析,搜集整理周边市场产品价格和公寓招租策划建议,负责公寓活动组织及客户满意度维系,处理客户投诉,不断改善公寓运维等方面的管理人员
39	运营管理类	餐厅经理	91.56%	餐厅经理,指从事计划、指导和协调餐厅活动的人员
40	运营管理类	宾客关系主任	82.55%	宾客关系主任,指的是从事客服部日常工作及人员管理,优化客服体系、创建服务模式,监督客服工作流程规范执行,收集顾客建议并整理制订改善方案并汇报,协调相关部门解决顾客疑问并跟进顾客满意度,与各部门配合商场活动等相关工作,并不断完善各类温馨提示及指示标识,根据客源情况灵活制定服务制度的管理人员
41	运营管理类	酒店值班经理	90.35%	酒店值班经理,指协助酒店高级管理层管理饭店运作,处理宾客的问题和投诉,迎领重要宾客,进行整个酒店的安全和日常设备检查的管理人员
42	运营管理类	酒店前厅经理	77.75%	酒店前厅经理,是指从事酒店前厅运转,全面负责前厅部经营管理的人员
43	运营管理类	客房协调员	75.44%	客房协调员,指的是从事客房钥匙的收发手续及保管,宾客出借物品的登记与保管,接收、登记、保管上交的遗留物品,填写维修项目,联系工程部维修,通知退房、查房,与前台、楼层核对房态,做好房态的切换工作,有关资料、文件进行归类与保管,过期物品退仓、调换的人员
44	运营管理类	客房主管	65.91%	客房主管,指从事客房部的整体经营和运作,控制客房成本及各项费用在预算之内,对房间和设施、设备及各项物品进行检查,抽查及提升本部门整体工作质量及工作效率的管理人员

续表

序号	类别	岗位名称	关联度	岗位描述
45	运营管理类	客房经理	62.47%	客房经理，指的是从事客房部的整体经营和运作，检查客房部的设施和管理，提升本部门整体工作质量及工作效率，组织、编制部门工作程序及工作考评的管理人员
46	运营管理类	酒店运营经理	85.13%	酒店运营经理，指从事制定酒店经营方针和管理目标，制定酒店各级管理人员和员工的职责，制订酒店一系列价目表、促销方案，制订市场拓展计划，分析月报表，检查营业进度与营业计划完成情况，并采取对策，保证酒店经营业务顺利进行的管理人员
47	运营管理类	民宿店长	62.87%	民宿店长，指从事民宿的经营、管理，严格控制经营成本和各种费用开支的管理人员
48	运营管理类	民宿运营专员	86.84%	民宿运营专员，指的是从事民宿品牌形象包装和宣传，民宿房价管理、维护各个渠道价格的人员
49	运营管理类	民宿运营经理	58.54%	民宿运营经理，指从事民宿包装和宣传，民宿房价管理、维护各个渠道价格的管理人员
50	运营管理类	公寓管家	80.45%	公寓管家，指的是从事公寓日常运营事务处理（包括来访接待、租务处理、住户问题解决、物业工作管理、合作洽谈等），经营社区氛围，组织策划活动的人员
51	运营管理类	公寓运营专员	95.62%	公寓运营专员，指的是制订公寓的运营计划，定期进行运营状况分析，搜集整理周边市场产品价格和公寓招租策划建议，负责公寓活动组织及客户满意度管理，处理客户投诉，不断改善公寓运维等的人员
52	运营管理类	餐饮店长	76.65%	餐饮店长，指从事店铺运营、管理、监督，培训店员，日常物资采购，控制店铺运营成本，维护店铺形象与管理的人员
53	其他类（采购类）	酒店采购员	83.29%	酒店采购员，指的是负责酒店各类物资采购、制订合理采购计划、保障各类采购物资的及时供应、各类采购合同的订立、持续开发和维护采购供应商渠道等工作内容的工作人员
54	其他类（采购类）	餐饮采购员	61.63%	餐饮采购员，指的是负责餐饮店面的各类物资采购、制订合理采购计划、保障各类采购物资的及时供应、各类采购合同的订立、持续开发和维护采购供应商渠道等工作内容的工作人员
55	其他类（采购类）	酒店采购经理	58.47%	酒店采购经理，指从事物资、采购战略制定，分析市场和货运配送系统，确定长短期供应商和供应渠道，收集和分析物资市场信息，维持与供应商的关系，协商竞争价格的人员

续表

序号	类别	岗位名称	关联度	岗位描述
56	其他类（品控类）	酒店品控专员	62.33%	酒店品控专员，指从事检查和督导各区域酒店各项标准（产品、服务、卫生、安全等）的执行（远程质检/现场质检），跟踪门店整改工作推进，包括整改方案、整改执行、资源支持，优化品控管理流程，根据质检结果和培训反馈，提出标准优化意见的人员
57	其他类（品控类）	酒店品控经理	55.59%	酒店品控经理，指从事检查和督导各区域酒店各项标准（产品、服务、卫生、安全等）的执行（远程质检/现场质检），跟踪门店整改工作推进，包括整改方案、整改执行、资源支持，优化品控管理流程，根据质检结果和培训反馈，提出标准优化意见的管理人员
58	其他类（品控类）	餐饮品控专员	83.93%	餐饮品控专员，指从事餐饮行业的原材料、成品检验，原辅料、成品、包装材料、工艺用水等的检查、检验，对生产工艺执行情况、卫生保持情况实行监督的人员
59	其他类（品控类）	餐饮品控经理	56.13%	餐饮品控经理，指从事餐饮行业的原物料、成品检验，原辅料、成品、包装材料、工艺用水等的检查、检验，对生产工艺执行情况、卫生保持实行监督的管理人员
60	其他类（财务类）	财务文员	57.12%	财务文员，指从事收付款单据的制单审核及核销，制作记账凭证，银行对账，财会文件的准备、归档和保管，协助出纳处理付款单据、核销系统单据的人员

二、产业人才需求总体分析

本项目组对住宿餐饮产业重点岗位人才需求量从全国、全省，聚焦到粤港澳大湾区，最后落在学校所在地广州市进行了统计、分析，将60个重点岗位按全国岗位人才需求量进行降序排列，如表2-2所示。

表2-2 重点岗位在全国、广东省、粤港澳大湾区、广州市的人才需求量及排序

序号	岗位名称	全国人才需求量		广东人才需求量		粤港澳大湾区人才需求量		广州人才需求量	
		数量（人）	排序	数量（人）	排序	数量（人）	排序	数量（人）	排序
1	数字营销专员	102858	1	19394	2	17396	1	6903	2
2	酒店前台接待	87942	2	13100	6	10406	7	3409	7

续表

序号	岗位名称	全国人才需求量		广东人才需求量		粤港澳大湾区人才需求量		广州人才需求量	
		数量（人）	排序	数量（人）	排序	数量（人）	排序	数量（人）	排序
3	中餐厅服务员	78346	3	16733	3	14742	3	6030	3
4	西点师	77295	4	19413	1	17372	2	10234	1
5	酒店销售代表	72433	5	11882	8	10514	6	3661	5
6	客房服务员	70005	6	14448	4	11616	4	3774	4
7	礼宾员	59891	7	13414	5	11504	5	3470	6
8	客房主管	59657	8	12515	7	10106	8	3018	9
9	餐厅经理	49616	9	9230	9	7996	10	3086	8
10	公寓管家	33515	10	6749	11	6682	11	1709	15
11	酒水销售员	31245	11	8561	10	8008	9	2019	13
12	酒水员	26340	12	6192	12	5383	12	2134	11
13	餐饮BD专员	22824	13	5619	13	4007	14	1146	18
14	酒店值班经理	22705	14	3012	20	2561	22	900	22
15	餐饮店长	19732	15	3711	17	3235	17	1105	20
16	新媒体运营专员	17578	16	2581	25	2328	24	871	24
17	调饮师	15949	17	2466	27	2220	27	873	23
18	酒店销售经理	15429	18	2639	24	2315	25	729	27
19	酒店销售协调员	15251	19	2962	21	2692	20	601	28
20	酒店预订员	14864	20	3832	15	3539	15	2010	14
21	餐饮采购员	14793	21	3316	18	3005	19	1219	17
22	酒店前厅经理	13671	22	2202	29	1800	29	498	32
23	OTA运营专员	12709	23	2483	26	2312	26	992	21
24	西餐厅服务员	12603	24	2778	22	2496	23	1109	19
25	公寓运营专员	11898	25	2741	23	2633	21	376	36
26	宴会统筹	11318	26	2279	28	2137	28	835	26
27	调酒师	10184	27	4861	14	4441	13	2184	10
28	茶艺师	9987	28	3286	19	3070	18	2020	12
29	餐饮协调员	9509	29	2004	30	1764	30	868	25
30	客房经理	9351	30	1534	32	1151	33	368	37
31	酒店收益专员	8423	31	1719	31	1625	31	550	30

续表

序号	岗位名称	全国人才需求量		广东人才需求量		粤港澳大湾区人才需求量		广州人才需求量	
		数量（人）	排序	数量（人）	排序	数量（人）	排序	数量（人）	排序
32	客房协调员	6884	32	1245	34	1100	34	324	39
33	餐饮BD经理	6878	33	989	39	888	39	389	34
34	酒店客户经理	6733	34	1444	33	1399	32	534	31
35	侍酒师	6628	35	3791	16	3478	16	1706	16
36	酒店BD专员	5349	36	1180	35	1070	38	496	33
37	MICE销售	4426	37	1169	36	1088	36	356	38
38	酒店运营经理	4315	38	931	40	855	40	319	40
39	酒店收益经理	4097	39	824	41	771	41	313	41
40	活动策划专员	4043	40	1147	38	1076	37	568	29
41	公寓运营经理	3148	41	1149	37	1093	35	388	35
42	评茶员	2896	42	558	43	493	44	240	42
43	餐饮会员营销经理	2826	43	563	42	540	42	205	47
44	民宿运营专员	2468	44	461	47	421	47	67	53
45	OTA运营经理	2422	45	532	45	492	45	212	46
46	酒店会员营销经理	2379	46	539	44	518	43	227	43
47	酒店BD经理	2293	47	531	46	468	46	222	44
48	民宿店长	2008	48	330	49	276	51	134	49
49	咖啡师	1591	49	297	51	283	50	179	48
50	酒店采购经理	1577	50	448	48	391	48	214	45
51	餐饮品控专员	1387	51	319	50	300	49	86	51
52	宾客关系主任	1093	52	219	53	206	53	79	52
53	酒店采购员	946	53	278	52	263	52	113	50
54	民宿运营经理	927	54	146	57	128	58	40	58
55	餐饮品控经理	821	55	201	54	189	54	63	55
56	酒店预订经理	632	56	145	58	128	59	47	57
57	财务文员	613	57	173	55	159	56	67	54
58	酒店品控专员	610	58	173	56	165	55	34	60
59	市场传讯专员	552	59	93	60	84	60	38	59
60	酒店品控经理	405	60	137	59	133	57	50	56

从横向上看，全国住宿餐饮产业人才需求量最大的前三个岗位是数字营销专员、酒店前台接待、中餐厅服务员，需求量最小的三个岗位是酒店品控专员、市场传讯专员、酒店品控经理。全国、全省、粤港澳大湾区重点岗位需求量就第1~10位的岗位基本一致。以上数据说明住宿餐饮产业重点岗位人才需求量在全国范围内保持一定的趋同性。

从纵向上看，数字营销专员、中餐厅服务员、西点师无论是全省、粤港澳大湾区，还是广州市都排在人才需求量排行榜前三位，其中，全国数字营销专员人才需求量达102858人，占全国重点岗位1~60人才需求总量的11.39%，是排行第2位酒店前台接待（87942人）的1.17倍，是排行第60位酒店品控经理（405人）的253.97倍；数字营销专员广州市人才需求量是6903人，占广州市重点岗位1~60人才需求总量的11.05%，是排行第1位西点师（10234人）的0.67倍，是酒店品控专员（34人）的203.03倍。

从整体上看，全国对住宿餐饮产业的人才需求量大，尤其是酒店营销、酒店服务和酒店运营方面的人才。

三、产业人才需求特征分析

（一）学历要求分析

从图2-3全国住宿餐饮产业岗位学历需求分布可知，学历要求为大专的岗位占比为51.68%，要求为初中及以下的岗位占比为8.52%，要求为高中/中技

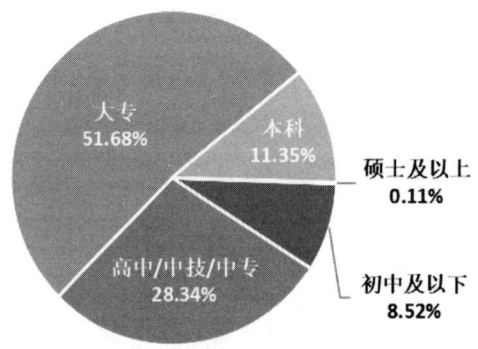

图2-3 全国住宿餐饮产业岗位学历需求分布

/中专的岗位占比为28.34%，要求为本科的岗位占比11.35%，要求为硕士及以上的岗位占比为0.11%。整体来看，该产业学历水平在大专以下的人才需求占比最大，为88.54%，说明全国住宿餐饮产业相关企业对高职院校培养的人才有着相当高的接纳度。

如图2-4所示，从其描述的全国营销类19个重点岗位学历占比分析可以发现，酒店销售代表、数字营销专员、餐饮BD专员、新媒体运营专员、酒店销售经理、OTA运营专员、酒店销售协调员、酒店预订员、酒店客户经理、

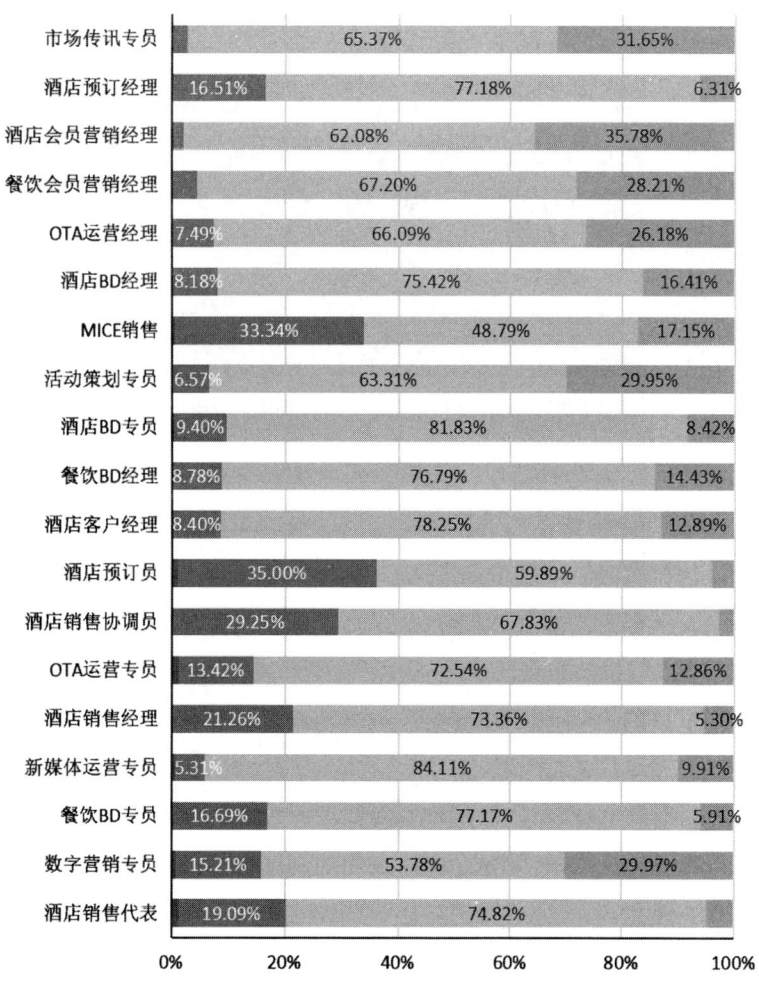

图2-4 全国营销类19个重点岗位学历占比

餐饮 BD 经理、酒店 BD 专员、活动策划专员、MICE 销售、酒店 BD 经理、OTA 运营经理、餐饮会员营销经理、酒店会员营销经理、酒店预订经理、市场传讯专员等岗位，超过 40% 岗位学历要求都在大专，这表明高职院校能够有效针对企业的人才需求进行人才培养。

从图 2-5 全国餐饮/住宿服务类 15 个重点岗位学历占比分析可以发现，酒店前台接待、酒水销售员、宴会统筹、咖啡师等岗位，超过 40% 岗位学历要求都在大专，这表明高职院校能够有效针对企业的人才需求进行人才培养。

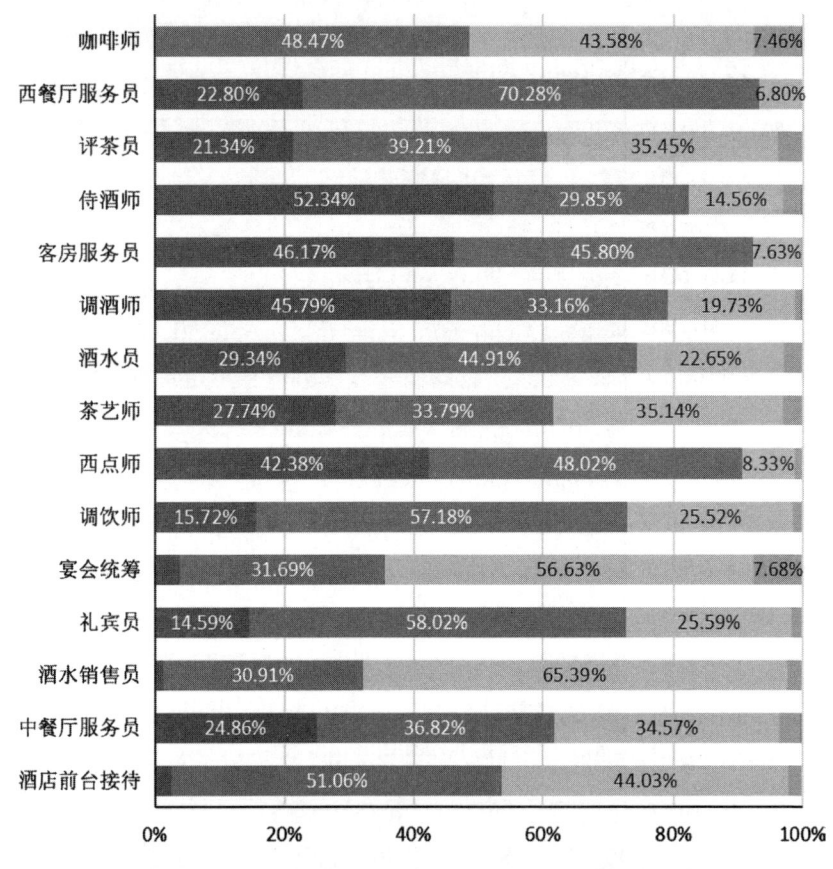

图 2-5　全国餐饮/住宿服务类 15 个重点岗位学历占比分布

从图 2-6 全国运营管理类 16 个重点岗位学历占比分析可以发现，餐厅经理、酒店值班经理、公寓管家、餐饮店长、酒店前厅经理、公寓运营专员、餐饮协调员、酒店运营经理、客房经理、公寓运营经理、客房协调员、民宿店长、民宿运营专员、宾客关系主任、民宿运营经理等岗位，超过40%岗位学历要求都在大专，这表明高职院校能够有效针对企业的人才需求进行人才培养。

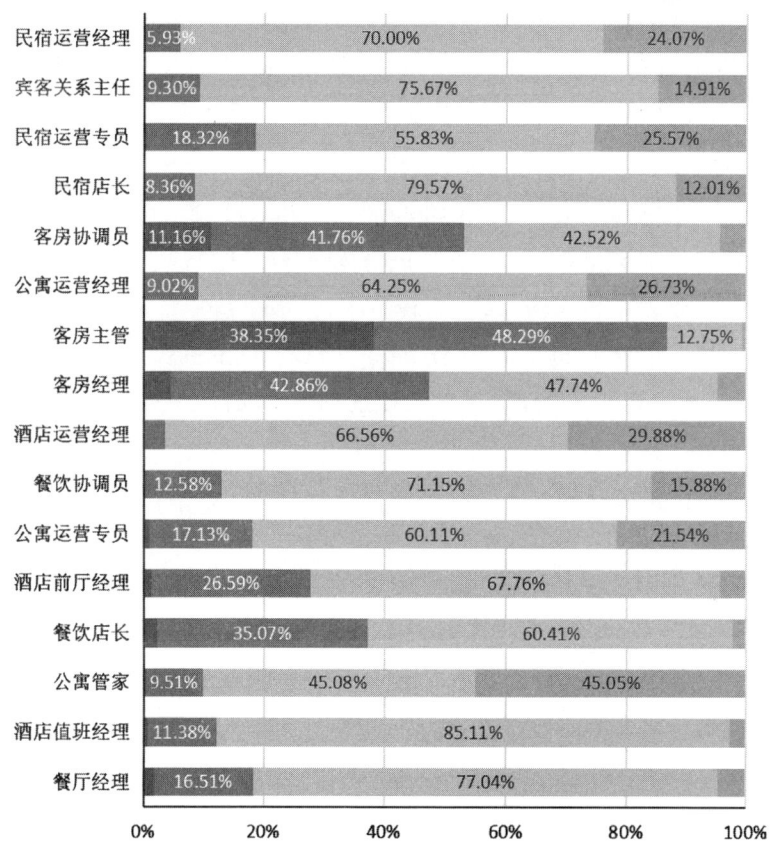

图 2-6　全国运营管理类 16 个重点岗位学历占比分布

从图 2-7 全国其他类 10 个重点岗位学历占比分析可以发现，餐饮采购员、酒店收益专员、酒店收益经理、餐饮品控专员、酒店采购经理、餐饮品控经理、酒店采购员、财务文员、酒店品控经理、酒店品控专员等岗位，超过40%岗位学历要求都在大专，这表明高职院校能够有效针对企业的人才需求进行人才培养。

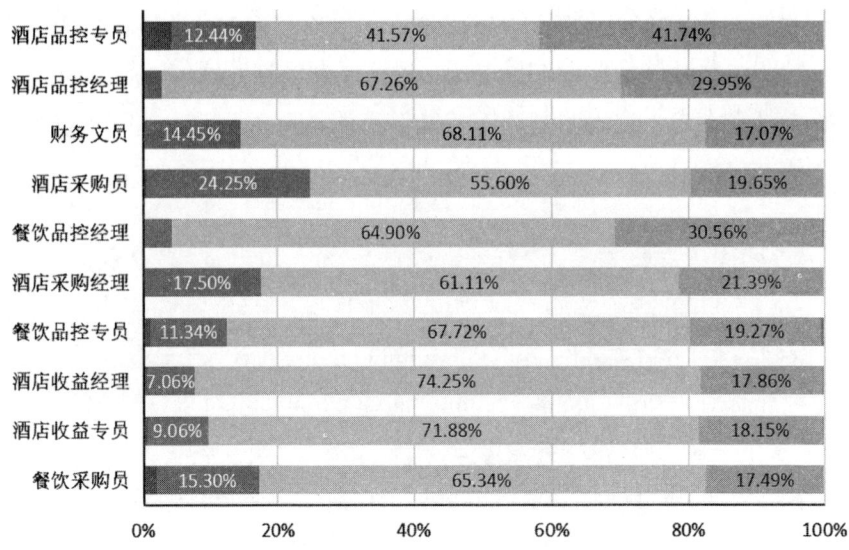

图 2-7　全国其他类 10 个重点岗位学历占比分布

（二）经验要求分析

从图 2-8 全国住宿餐饮产业岗位工作经验要求可知，要求 1~3 年工作经验的岗位占比为 27.78%，要求无经验的岗位占比为 58.80%，要求 3~5 年工作经验的岗位占比 9.59%，要求 5 年以上工作经验的岗位占比为 3.83%。由此说明全国住宿餐饮产业的岗位对人才的工作经验并不十分看重，行业对应届生的接纳度高。

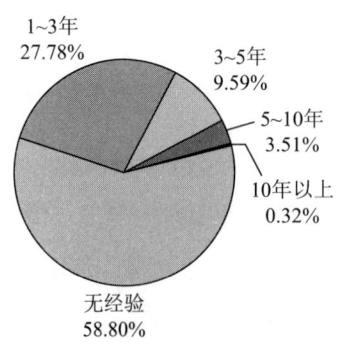

图 2-8　全国住宿餐饮产业岗位工作经验要求

从图 2-9 全国营销类具体岗位工作经验要求占比分析可以发现，大部分岗位工作经验要求均在 3 年以下，工作内容多集中在酒店餐饮行业的数字化营销、商务拓展、预订服务、客户关系管理和会员营销。

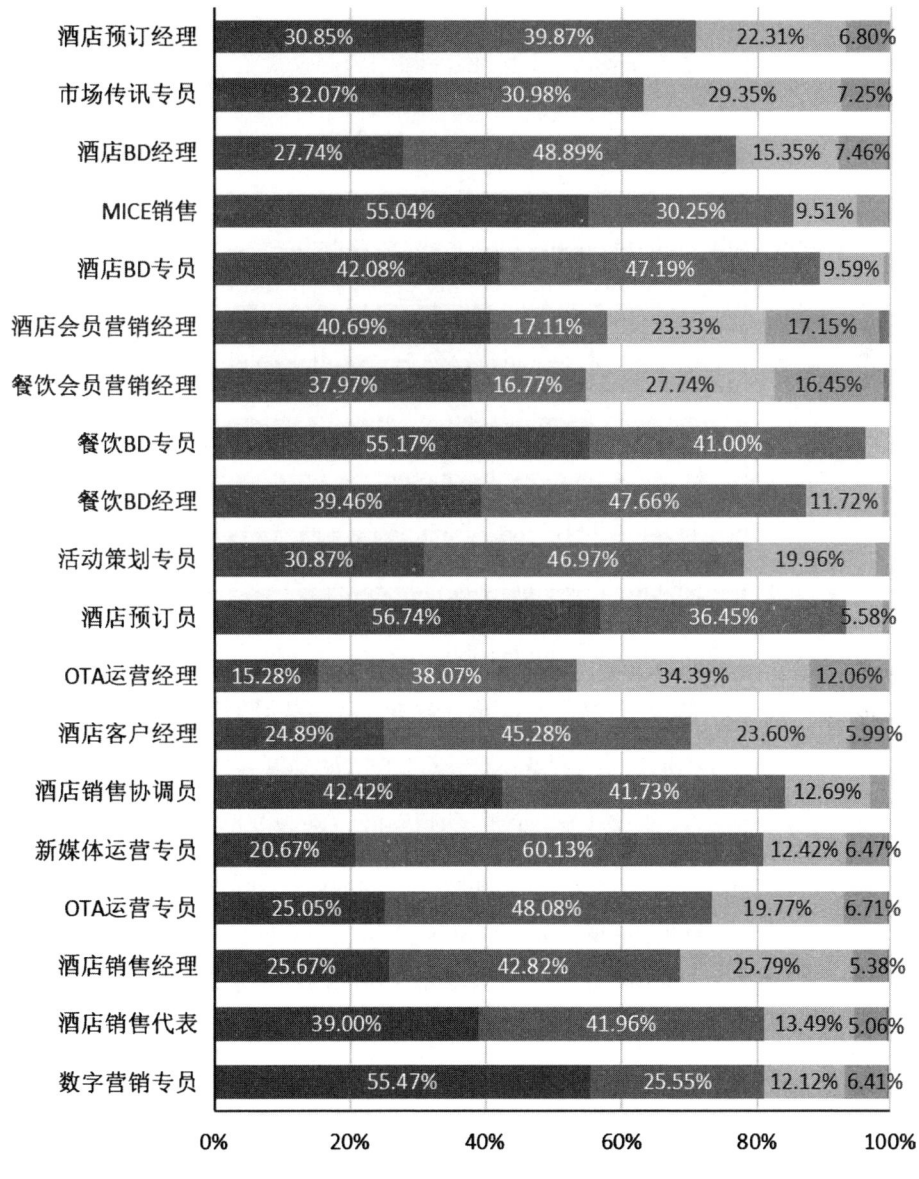

图 2-9　全国营销类具体岗位工作经验要求占比

从图 2-10 全国餐饮/住宿服务类 15 个岗位工作经验要求占比分析可以发现，大部分岗位工作经验要求均在 3 年以下，工作内容多集中在食品制作、餐饮前厅服务、餐饮销售、客房服务和酒店前厅接待等。

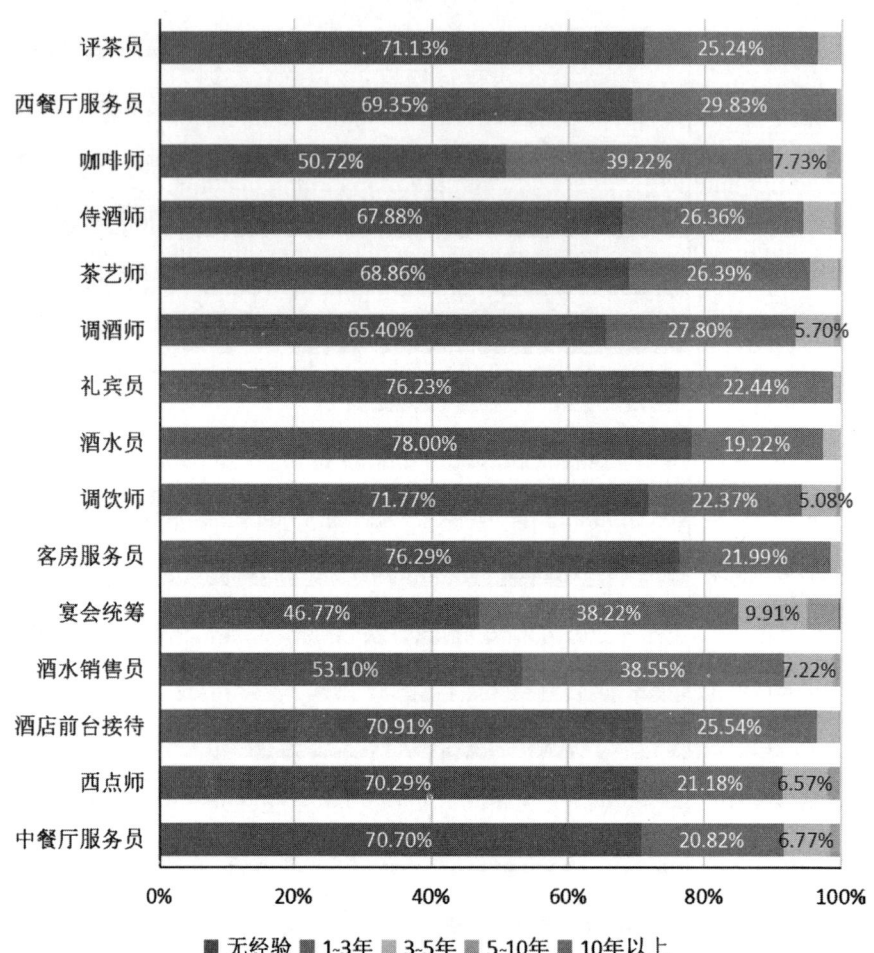

图 2-10　全国餐饮/住宿服务类 15 个岗位工作经验要求占比

从图 2-11 全国运营管理类 16 个重点岗位工作经验要求分析可以发现，大部分岗位的工作经验要求均在 3 年以下，工作内容集中在客房管理、前厅接待管理、客户关系管理和公寓/民宿运营。工作经验要求为 3 年以上的岗位为高级管理人员，其工作内容集中在酒店运营和公寓/民宿运营。

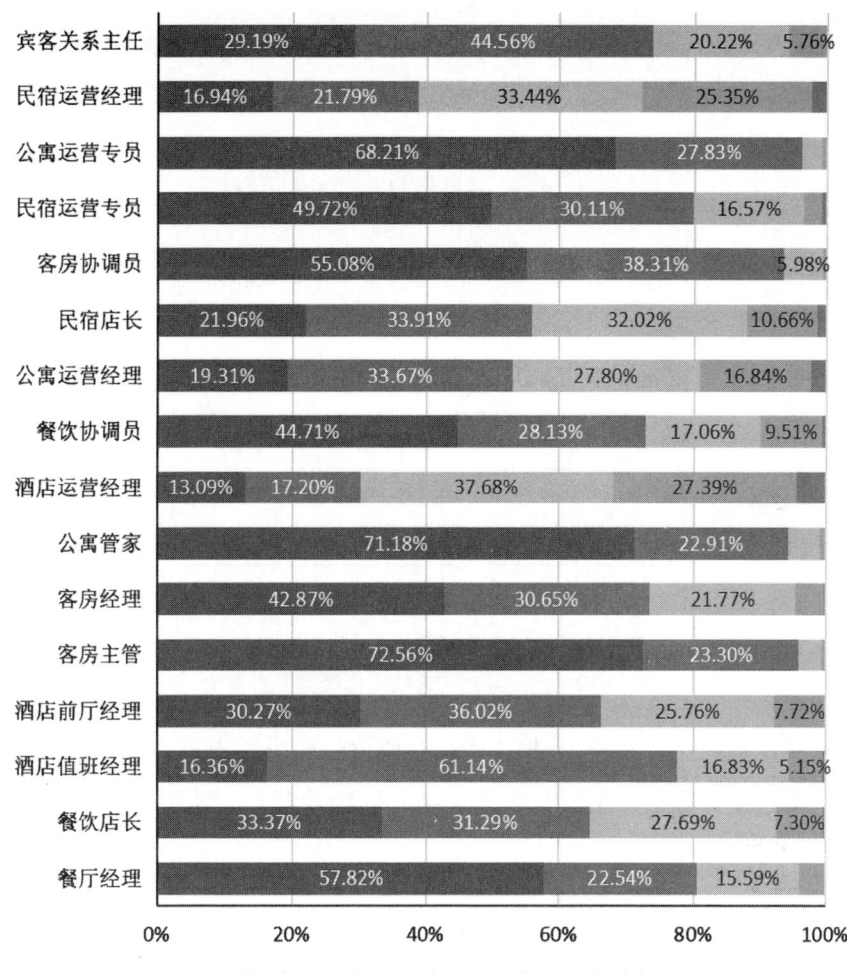

图 2-11　全国运营管理类 16 个重点岗位工作经验要求占比

从图 2-12 全国其他类岗位工作经验分析可以发现，大部分岗位工作经验要求均在 3 年以下，工作内容集中在酒店采购、财务文件管理、酒店收益管理、餐饮/酒店品控和酒店运营。工作经验要求为 3 年以上的岗位这些岗位均为高级管理人员，其工作内容集中在酒店采购、酒店收益管理、餐饮/酒店品质管理和酒店运营。

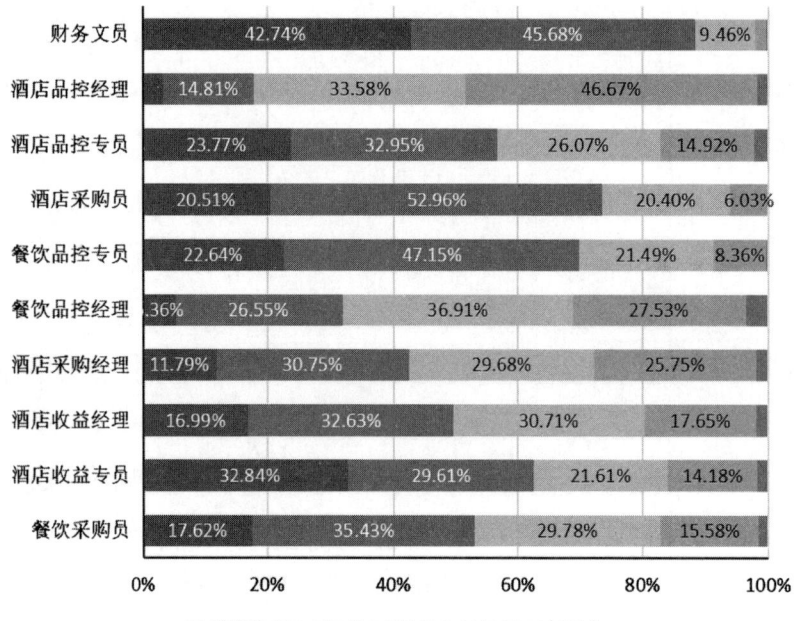

图 2-12 全国其他类岗位工作经验要求占比

值得注意的是，在 5~10 年工作经验要求的岗位方面呈现出了较大差异。其中，财务文员要求 5 年以上的岗位占比在 20% 左右，餐饮采购员、餐饮协调员、酒店品控专员工作经验要求为 5 年以上的岗位占比在 10% 左右。可以看出，在这些岗位的经验技术方面是很有发展空间的，而从其工作经验年限的高要求也可以看出市场渴求此类人才。

综上，住宿餐饮产业的市场需求对人才的工作经验要求不高，对应届生的接纳度良好，但部分高端岗位则在工作经验方面有着较高要求，也反映出市场高端人才较为紧缺的现状。

（三）薪资水平分析

从图 2-13 全国酒店对住宿餐饮岗位薪资分析可知，20.11% 的岗位每月薪资在 6 千~8 千元的范围，31.37% 的岗位每月薪资范围在 4 千~6 千元，9.23% 的岗位每月薪资在 8 千~1 万元的范围，每月薪资在 1 万元以上的岗位占比为 16.55%，每月薪资在 4 千元以下的岗位占比仅为 22.73%。

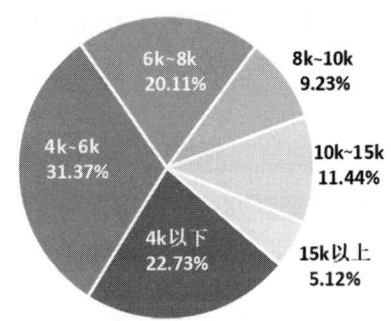

图 2-13　全国酒店住宿餐饮岗位薪资分布

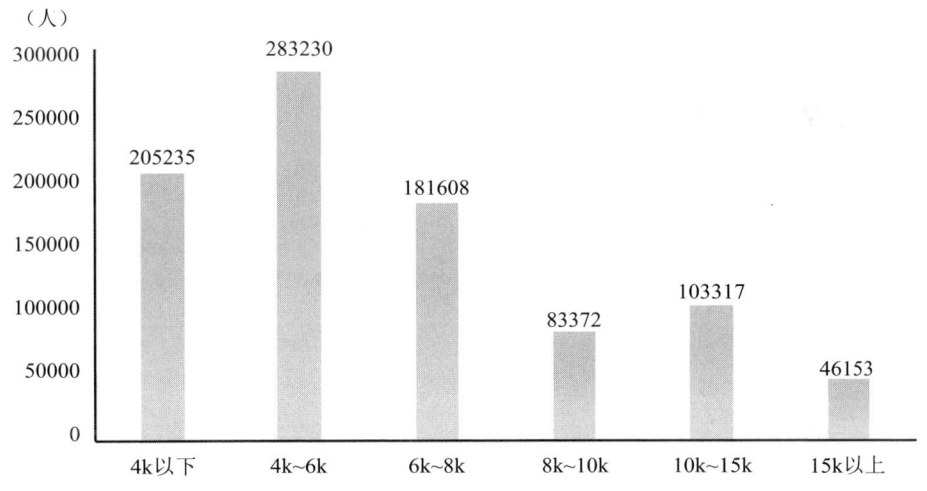

图 2-14　全国酒店住宿餐饮岗位薪资与人才需求对比分析

从图 2-14 来看，全国住宿餐饮产业将近 50% 的岗位每月薪资在 6 千元以上，由此可以发现全国住宿餐饮产业岗位的整体薪资处于社会平均收入中等水平。同时，每月薪资在 4 千~6 千元是住宿餐饮产业岗位的分水岭，31.31% 的岗位薪资在 4 千~6 千元。

从图 2-15 全国酒店餐饮营销类 19 个重点岗位薪资占比分析发现，数字营销专员、酒店销售代表、餐饮 BD 专员、OTA 运营专员、新媒体运营专员、餐饮 BD 经理、酒店客户经理、酒店 BD 专员、MICE 销售、OTA 运营经理、酒店 BD 经理、酒店会员营销经理、餐饮会员营销经理等岗位中，有超过 40% 的岗位每月薪资在 8 千元以上，属于中高薪岗位；市场传讯专员、酒店预订

员、酒店预订经理等岗位则相反，均有超过 40% 的岗位每月工资在 6 千元以下，薪资范围处于中下水平。

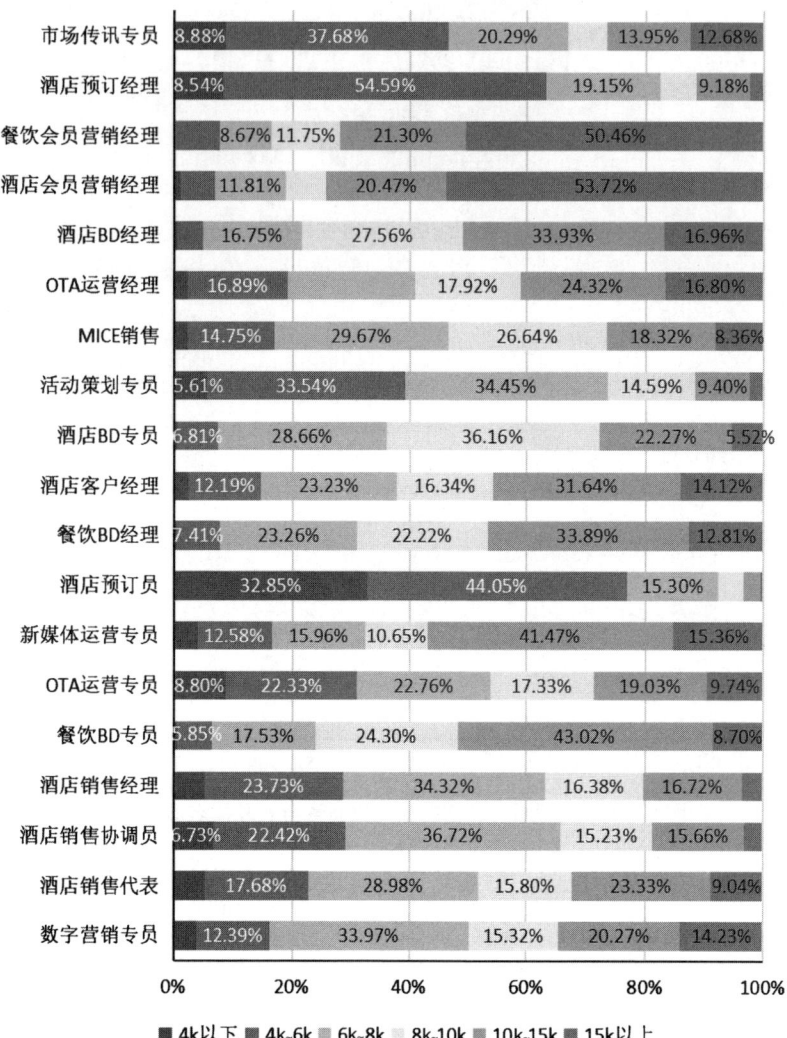

图 2-15　全国酒店餐饮业营销类 19 个重点岗位薪资分布占比

从图 2-16 全国餐饮/住宿服务类 15 个重点岗位薪资占比分析发现，西点师、中餐厅服务员、礼宾员、酒水员、酒店前台接待、客房服务员、茶艺师、宴会统筹、调酒师、调饮师、侍酒师、西餐厅服务员、评茶员、咖啡师等岗位，均有超过 40% 的岗位每月工资在 6 千元以下，薪资范围处于中下水平。

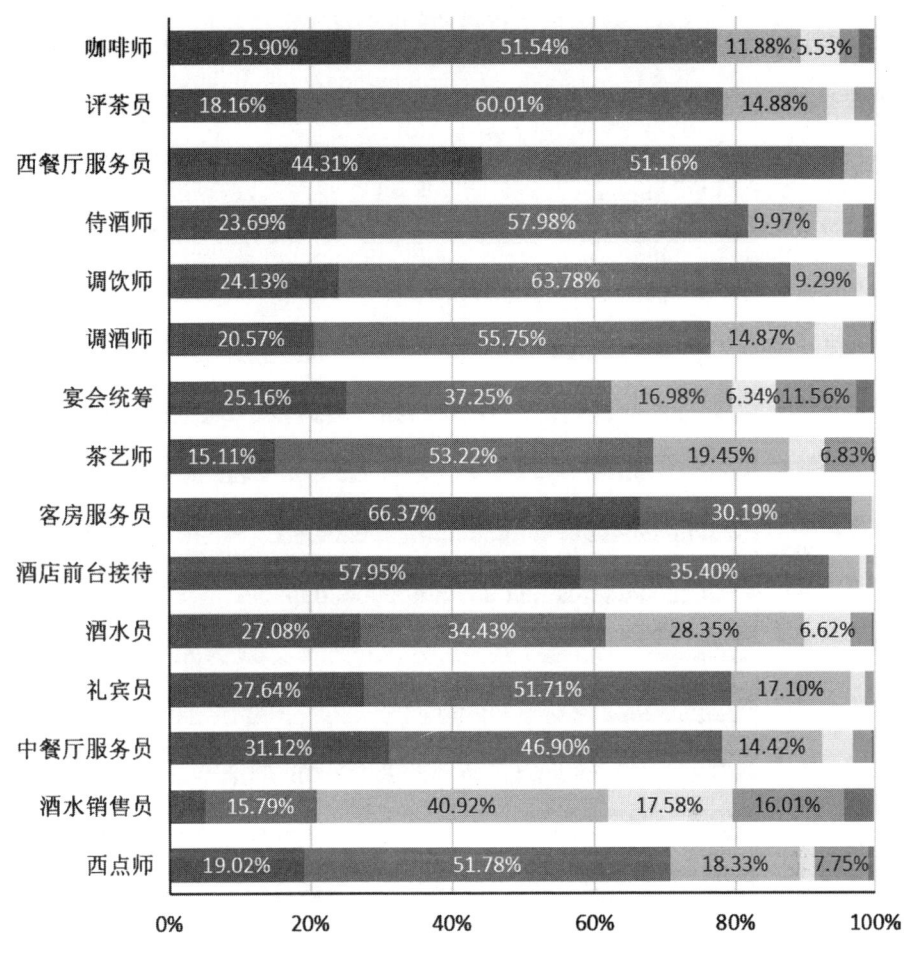

图2-16 全国餐饮/住宿服务类15个重点岗位薪资分布占比

从图2-17全国酒店餐饮运营管理类岗位薪资分布占比分析发现，公寓管家、酒店值班经理、公寓运营专员、餐饮协调员、酒店运营经理、公寓运营经理、民宿店长、民宿运营经理等岗位中，有超过40%的岗位每月薪资在8千元以上，属于中高薪岗位；餐厅经理、酒店前厅经理、客房主管、客房经理、客房协调员、民宿运营专员、宾客关系主任等岗位则相反，均有超过40%的岗位每月工资在6千元以下，薪资范围处于中下水平。

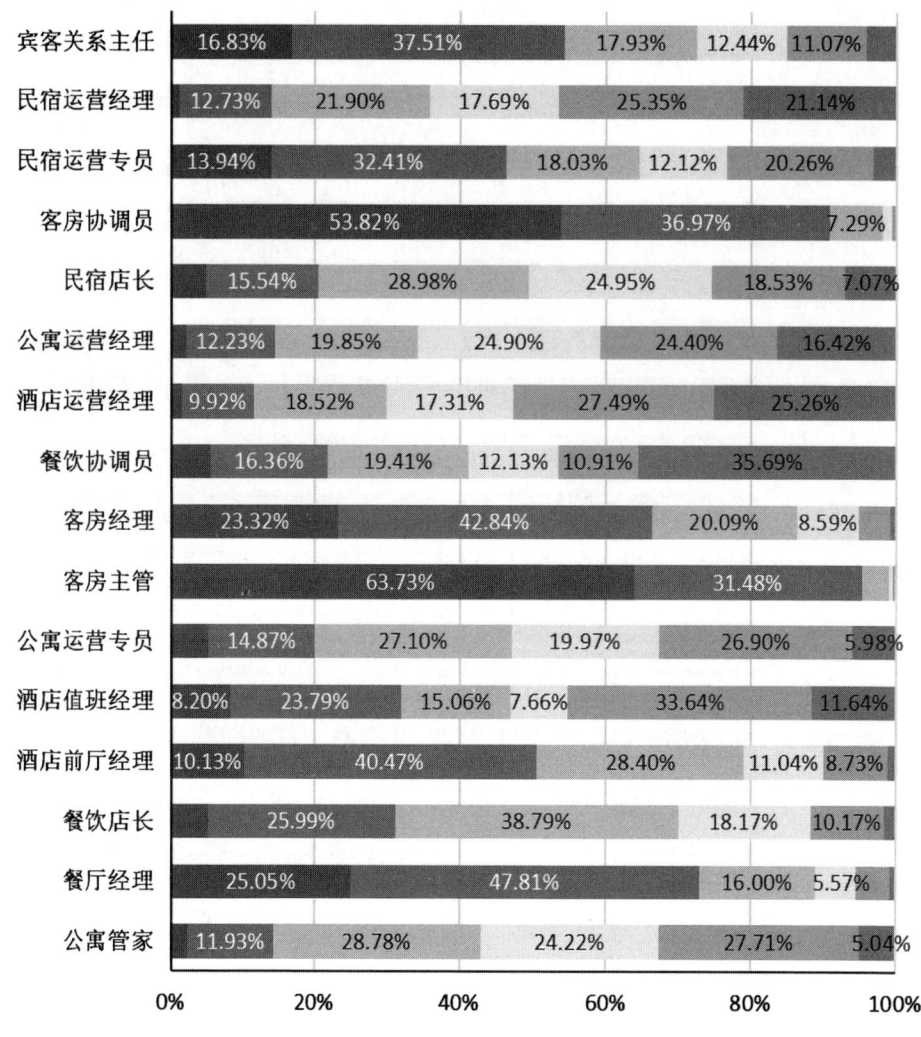

图 2-17 全国酒店餐饮运营管理类岗位薪资分布占比

从图 2-18 全国酒店餐饮其他类具体岗位薪资分布分析发现，餐饮采购员、酒店收益专员、酒店收益经理、酒店采购经理、餐饮品控经理、酒店品控专员、酒店品控经理等岗位中，有超过 40% 的岗位每月薪资在 8 千元以上，属于中高薪岗位；酒店采购员、财务文员等岗位则相反，均有超过 40% 的岗位每月工资在 6 千元以下，薪资范围处于中下水平。

第二章 酒店业数字化转型背景下人才需求现状

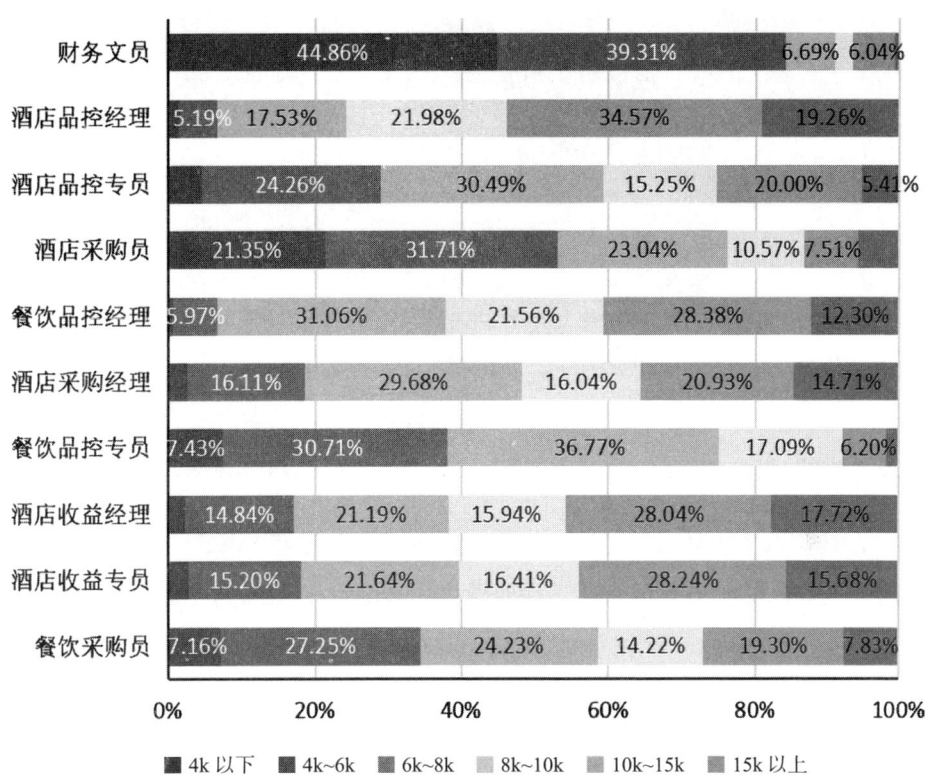

图 2-18 全国酒店餐饮其他类具体岗位薪资分布占比

薪资反映一个产业的健康发展程度、市场发展方向以及吸引和留住人才的能力。因此，从高薪岗位的分布来看，营销服务、住宿服务是当下及未来较为热门的行业岗位，相关数字化营销、民宿/公寓/酒店运营和客户关系管理人才需求会持续增长。

（四）企业性质与规模分析

从图 2-19 全国住宿餐饮业岗位企业性质分布可知，接近 80% 的企业为民营企业，其次是外资企业，占比 8.08%，上市公司占比 5.29%，国企占比 5.21%。整体来说住宿餐饮产业的岗位公开招聘主要以民营企业为主，其次是外资公司，而国企和上市公司占比较少。

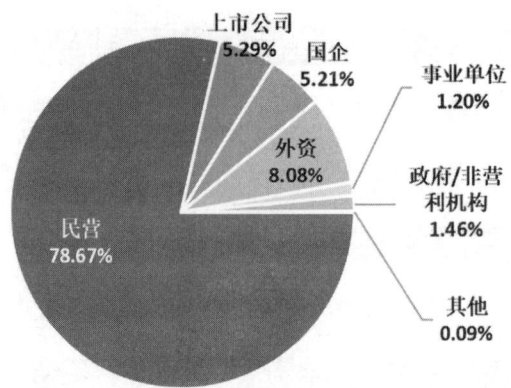

图 2-19 全国住宿餐饮业岗位企业性质分布

注：数据来源于线上招聘平台，而国企、央企大多有自己的招聘渠道，无法全面获取，结果仅作参考。

从图 2-20 全国住宿餐饮业岗位企业规模分布可知，49.2% 为 50 至 1000 人的中小型企业，50 人以下的微型企业占比 26.59%，规模为 1000 至 10000 人的大型企业占比为 13.35%，规模超过 10000 人的超大规模企业占比 10.86%。

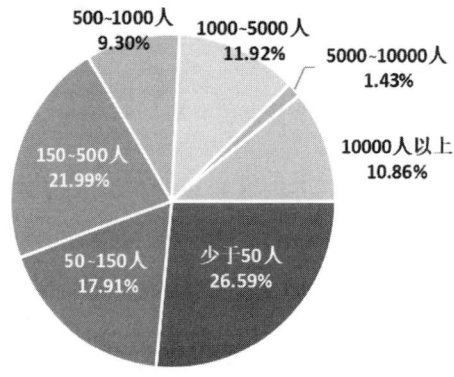

图 2-20 全国住宿餐饮业岗位企业规模分布

结合企业性质和规模两个维度的分析可知，全国酒店住宿餐饮产业的企业主要为中小规模的民营企业，在 1000 人及以下规模的企业最多。由此可见，住宿餐饮产业的发展任务主要集中在民营企业手中。

（五）行业分布

每一家企业的经营范围可以是多样化的，同样其行业归属也可能是多样化的，规模越大的企业，其涉及的行业越多，一般情况，企业的行业信息会填写两个行业甚至更多，因此在报告中关于人才需求企业其对应的行业分布情况，各个行业的企业岗位招聘数据加起来应大于实际的企业岗位招聘总数量。针对全国住宿餐饮产业相关企业的行业分析，项目组选取娱乐休闲/餐饮/体育、酒店/旅游、互联网/电子商务、房地产/物业管理/商业中心行业进行对比分析。从图2-21全国住宿餐饮岗位分布分析发现，以上行业均与住宿餐饮业相关联，其中娱乐休闲/餐饮/体育行业占比最高，达到62.17%，酒店/旅游行业占37.21%，互联网/电子商务行业占28.78%，房地产/物业管理/商业中心行业占比最低，达到21.84%。

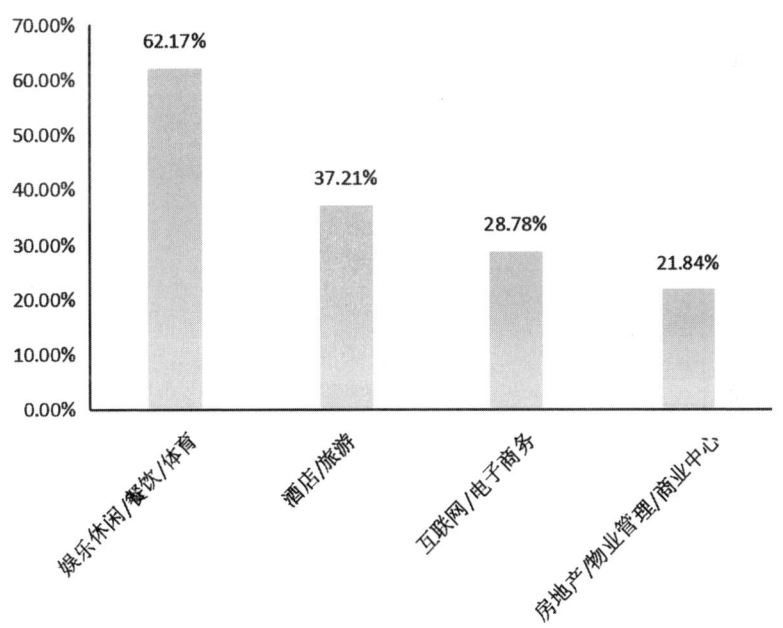

图2-21 全国住宿餐饮岗位分布

（六）企业规模与岗位特征对比分析

为综合对比企业规模与岗位薪资水平、企业规模与岗位工作经验要求、企业规模与岗位学历之间的关系，利用组距数列计算的加权算术平均法，对企业规模与岗位特征进行对比分析，对工作经验要求和薪资水平求加权算术平均数，结果如表 2-3 所示。

表 2-3　全国住宿餐饮企业规模与岗位特征对比分析表

企业规模	全国人才需求量	薪资（加权平均）	经验（加权平均）	学历（占比最高）
10000 人以上	100611	8.24	1.71	大专
1000~10000 人	132503	7.59	1.95	大专
50~1000 人	500147	7.13	2.02	大专
少于 50 人	259244	5.82	1.27	大专

由上表，对企业规模与岗位特征进行对比分析，发现企业规模 10000 人以上、1000~10000 人、50~1000 人对学历要求为大专且薪资水平较高，但是对工作经验要求较高。而企业规模在 50 人以下对学历要求为大专且薪资水平中等，经验要求较低。

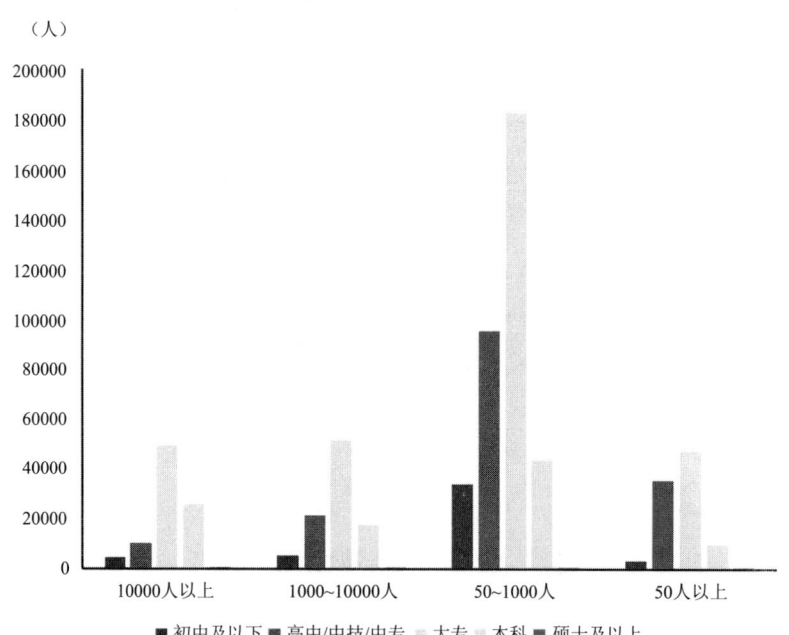

图 2-22　全国各企业规模岗位学历分布

从图 2-22 全国各企业规模岗位学历分布对比分析发现，企业规模在 10000 人以上、1000~10000 人、50~1000 人、50 人以下的企业大多数岗位学历要求集中在大专层次，这表明高职院校所培养的人才符合企业人才发展的需求。

第三节 数字化转型背景下高职酒店专业人才培养定位与岗位职业能力分析

一、专业目标培养岗位分析

（一）评价标准的建立

在上述产业分析与岗位人才大数据分析的基础上，项目组对酒店管理与数字化运营专业进行人才培养目标岗位分析，以此明确专业建设及人才培养的方向。为了保证这些岗位同时符合产业需求、专业基础、岗位前景等多维度要求，且该部分主要为数据分析过程，因此建立一套指标体系作为岗位评价标准，主要的指标包括关联度、学历要求指数、经验要求指数、薪资指数等，具体指标见表2-4。

表2-4 岗位评价指标体系列表

序号	指标	评价细则
1	关联度	若岗位关联度超过85%，则将该岗位的关联度视为"高"
2	需求量	若全国需求量超过10000人次，视为"高"；若广州市需求量超过500人次，视为"高"
3	大专及以下学历要求	若岗位的大专及以下学历要求占比超过60%，视为吻合
4	学历要求指数	将初中及以下、高中/中技/中专、大专、本科、硕士及以上的岗位学历要求分别赋值为2，4，6，8，10。学历要求的加权算术平均数便是学历指数e。如果学历要求指数$5 \leq e \leq 7$，则将该岗位的学历要求指数视为"合适"
5	工作经验要求指数	将无经验、1~3年、3~5年、5~10年、10年以上的岗位工作经验要求分别赋值为0.5，2，4，7.5，15。工作经验要求的加权算术平均数便是工作学历要求指数。如果工作经验要求指数低于3，则将该岗位的工作经验要求指数视为"低"
6	月薪平均指数	筛选出学历要求为大专层次的岗位需求，得到筛选后的月薪平均值。若岗位月薪平均值超过全国大专学历人才就业的平均月薪，视为"高"

在对以上指标做出相应判定之后，会对相关岗位的需求数据进行相应评价，最终选出一定数量的岗位作为专业目标培养岗位。对于部分特殊岗位（如市场新兴岗位、管理型岗位等），也会结合主观加客观的分析来综合判定是否作为目标培养岗位。专业目标培养岗位的确定，明确了专业定位，也完善了从产业到专业的分析逻辑。

（二）酒店管理与数字化运营专业目标培养岗位确定

首先，通过比较目标产业岗位群，选取目标产业岗位群的重点岗位，作为酒店管理与数字化运营专业目标培养岗位的备选岗位。然后，通过以上岗位评价标准，对各岗位的需求进行大数据计算，对备选岗位从区域需求、学历要求、经验要求等重点维度展开分析，数据结果如表2-5所示。

表2-5 住宿餐饮产业重要维度数据情况

序号	岗位名称	关联度	全国需求量	广州需求量	大专及以下学历比例	大专学历比例	学历要求指数	3年以下比例	经验要求指数	月薪平均数
1	餐饮BD专员	96.66%	22824	1146	94.07%	77.17%	4.91	96.17%	1.26	10.62
2	公寓运营专员	95.62%	11898	376	78.28%	60.11%	5.27	96.04%	1.09	9
3	酒店预订员	94.72%	14864	2010	95.99%	59.89%	4.07	93.19%	1.33	5.12
4	酒店BD专员	93.83%	5349	496	91.58%	81.83%	5.35	89.27%	1.62	9.37
5	宴会统筹	93.17%	11318	835	92.23%	56.63%	4.52	84.99%	1.8	6.3
6	酒店销售代表	92.67%	72433	3661	95.06%	74.82%	4.38	80.96%	2.02	8.99
7	活动策划专员	92.22%	4043	568	69.88%	63.31%	5.58	77.84%	2.06	7.16
8	新媒体运营专员	92.16%	17578	871	90.00%	84.11%	5.56	80.80%	2.33	10.7
9	餐厅经理	91.56%	49616	3086	95.28%	77.04%	4.8	80.36%	1.68	5.5
10	餐饮BD经理	91.17%	6878	389	85.57%	76.79%	5.22	87.12%	1.71	10.49
11	酒店值班经理	90.35%	22705	900	97.23%	85.11%	5.18	77.50%	2.43	9.42
12	OTA运营专员	89.49%	12709	992	87.11%	72.54%	5.13	73.13%	2.43	8.62
13	酒店客户经理	89.41%	6733	534	86.89%	78.25%	5.31	70.17%	2.45	10.21
14	酒店销售协调员	89.25%	15251	601	97.24%	67.83%	3.96	84.15%	1.8	7.79
15	酒店销售经理	88.66%	15429	729	94.70%	73.36%	4.41	68.49%	2.46	7.96

续表

序号	岗位名称	关联度	全国需求量	广州需求量	大专及以下学历比例	大专学历比例	学历要求指数	3年以下比例	经验要求指数	月薪平均数
16	酒店收益专员	88.16%	8423	550	81.47%	71.88%	5.1	62.45%	2.91	10.11
17	民宿运营专员	86.84%	2468	67	74.42%	55.83%	4.56	79.83%	1.82	7.49
18	酒店BD经理	86.64%	2293	222	83.60%	75.42%	5.49	76.63%	2.36	11.09
19	MICE销售	85.47%	4426	356	82.71%	48.79%	4.82	85.29%	1.67	9.03
20	市场传讯专员	85.44%	552	38	68.12%	65.37%	5.2	63.05%	2.54	8.12
21	酒店运营经理	85.13%	4315	319	70.10%	66.56%	5.56	30.29%	4.55	11.25
22	餐饮品控专员	83.93%	1387	86	80.12%	67.72%	5.86	69.79%	2.59	6.96
23	酒店采购员	83.29%	946	113	80.35%	55.60%	5	73.47%	2.44	6.75
24	宾客关系主任	82.55%	1093	79	84.97%	75.67%	4.99	73.75%	2.31	6.88
25	酒店会员营销经理	81.99%	2379	227	64.16%	62.08%	4.05	57.80%	2.98	13.75
26	酒店预订经理	81.86%	632	47	93.69%	77.18%	4.94	70.72%	2.37	6.44
27	餐饮会员营销经理	80.66%	2826	205	71.79%	67.20%	4.14	54.74%	3	13.55
28	公寓管家	80.45%	33515	1709	54.94%	45.08%	6.22	94.09%	1.09	9.21
29	数字营销专员	79.82%	102858	6903	69.73%	53.78%	3.93	81.02%	1.81	9.51
30	餐饮协调员	78.82%	9509	868	84.02%	71.15%	3.93	72.84%	2.26	11.04
31	咖啡师	78.17%	1591	179	92.22%	43.58%	3.93	89.94%	1.53	5.45
32	酒店前厅经理	77.75%	13671	498	95.61%	67.76%	3.91	66.29%	2.51	6.62
33	酒水销售员	77.07%	31245	2019	97.55%	65.39%	3.44	91.65%	1.41	8.2
34	餐饮店长	76.65%	19732	1105	97.74%	60.41%	3.36	64.66%	2.49	7.38
35	客房协调员	75.44%	6884	324	95.44%	42.52%	3	93.39%	1.33	4.17
36	侍酒师	74.57%	6628	1706	96.75%	14.56%	2.91	94.24%	1.14	5.32
37	茶艺师	74.27%	9987	2020	96.67%	35.14%	2.74	95.25%	1.08	5.86
38	调饮师	74.09%	15949	873	98.42%	25.52%	2.71	94.14%	1.07	4.88
39	调酒师	73.19%	10184	2184	98.68%	19.73%	2.65	93.20%	1.2	5.44
40	评茶员	72.26%	2896	240	96.00%	35.45%	2.57	96.37%	1.02	5.33
41	西餐厅服务员	71.33%	12603	1109	99.88%	6.80%	2.54	99.18%	0.98	4.21
42	中餐厅服务员	70.75%	78346	6030	96.25%	34.57%	2.46	91.52%	1.17	5.11
43	酒店前台接待	69.11%	87942	3409	97.72%	44.03%	2.44	96.45%	1.02	4.07
44	礼宾员	68.68%	59891	3470	98.20%	25.59%	2.19	98.67%	0.89	4.99

续表

序号	岗位名称	关联度	全国需求量	广州需求量	大专及以下学历比例	大专学历比例	学历要求指数	3年以下比例	经验要求指数	月薪平均数
45	西点师	67.32%	77295	10234	98.73%	8.33%	1.26	91.47%	1.2	5.78
46	酒水员	66.69%	26340	2134	96.90%	22.65%	1.22	97.22%	0.89	5.58
47	客房主管	65.91%	59657	3018	99.39%	12.75%	0.94	95.86%	1.02	3.86
48	客房服务员	64.62%	70005	3774	99.60%	7.63%	0.81	98.28%	0.9	3.76
49	OTA运营经理	63.63%	2422	212	73.58%	66.09%	5.46	53.35%	3.14	10.03
50	民宿店长	62.87%	2008	134	87.99%	79.57%	5.06	55.87%	3.05	8.75
51	客房经理	62.47%	9351	368	95.13%	47.74%	2.61	73.52%	2.07	5.71
52	酒店品控专员	62.33%	610	34	58.27%	41.57%	6.17	56.72%	3.23	8.3
53	餐饮采购员	61.63%	14793	1219	82.50%	65.34%	5.32	53.05%	3.36	8.34
54	公寓运营经理	60.51%	3148	388	73.27%	64.25%	5.93	52.98%	3.44	10.23
55	酒店收益经理	59.93%	4097	313	81.83%	74.25%	5.51	49.62%	3.54	10.33
56	民宿运营经理	58.54%	927	40	75.93%	70.00%	5.56	38.73%	4.07	10.67
57	酒店采购经理	58.47%	1577	214	78.61%	61.11%	5.64	42.54%	4.05	9.59
58	财务文员	57.12%	98132	9954	60.88%	52.98%	6.04	46.74%	4.07	8.28
59	餐饮品控经理	56.13%	821	63	69.07%	64.90%	6.31	31.91%	4.56	10.14
60	酒店品控经理	55.59%	405	50	70.05%	67.26%	6.37	18.02%	5.37	11.2

根据前述评价标准，对上述岗位的各维度数据进行分析处理，表2-6是对各维度数据结果的可视化呈现。

表2-6 住宿餐饮产业重要维度评价情况

序号	岗位名称	关联度	需求量	大专及以下学历要求	学历要求指数	经验要求指数	月薪平均指数
1	餐饮BD专员	高	高	吻合		低	高
2	公寓运营专员	高	高	吻合	合适	低	高
3	酒店预订员	高	高	吻合		低	
4	酒店BD专员	高		吻合	合适	低	高
5	宴会统筹	高	高	吻合		低	
6	酒店销售代表	高	高	吻合		低	高
7	活动策划专员	高		吻合	合适	低	

续表

序号	岗位名称	关联度	需求量	大专及以下学历要求	学历要求指数	经验要求指数	月薪平均指数
8	新媒体运营专员	高	高	吻合	合适	低	高
9	餐厅经理	高	高	吻合		低	
10	餐饮 BD 经理	高		吻合	合适	低	高
11	酒店值班经理	高	高	吻合	合适	低	高
12	OTA 运营专员	高	高	吻合	合适	低	高
13	酒店客户经理	高		吻合	合适	低	高
14	酒店销售协调员	高	高	吻合		低	
15	酒店销售经理	高	高	吻合		低	
16	酒店收益专员	高		吻合	合适	低	高
17	民宿运营专员	高		吻合		低	
18	酒店 BD 经理	高		吻合	合适	低	高
19	MICE 销售	高		吻合		低	高
20	市场传讯专员	高		吻合	合适	低	高
21	酒店运营经理	高		吻合	合适		高
22	餐饮品控专员			吻合	合适	低	
23	酒店采购员			吻合	合适	低	
24	宾客关系主任			吻合		低	
25	酒店会员营销经理			吻合		低	高
26	酒店预订经理			吻合		低	
27	餐饮会员营销经理			吻合		低	高
28	公寓管家		高		合适	低	高
29	数字营销专员		高	吻合		低	高
30	餐饮协调员			吻合		低	高
31	咖啡师			吻合		低	
32	酒店前厅经理		高	吻合		低	
33	酒水销售员		高	吻合		低	高
34	餐饮店长		高	吻合		低	
35	客房协调员			吻合		低	
36	侍酒师			吻合		低	
37	茶艺师			吻合		低	

续表

序号	岗位名称	关联度	需求量	大专及以下学历要求	学历要求指数	经验要求指数	月薪平均指数
38	调饮师		高	吻合		低	
39	调酒师		高	吻合		低	
40	评茶员			吻合		低	
41	西餐厅服务员		高	吻合		低	
42	中餐厅服务员		高	吻合		低	
43	酒店前台接待		高	吻合		低	
44	礼宾员		高	吻合		低	
45	西点师		高	吻合		低	
46	酒水员		高	吻合		低	
47	客房主管		高	吻合		低	
48	客房服务员		高	吻合		低	
49	OTA 运营经理			吻合	合适		高
50	民宿店长			吻合	合适		高
51	客房经理			吻合		低	
52	酒店品控专员				合适		高
53	餐饮采购员		高	吻合	合适		高
54	公寓运营经理			吻合			高
55	酒店收益经理			吻合	合适		高
56	民宿运营经理			吻合			高
57	酒店采购经理			吻合	合适		高
58	财务文员		高	吻合	合适		高
59	餐饮品控经理			吻合	合适		高
60	酒店品控经理			吻合	合适		高

通过对重点岗位的需求数据进行多维度分析并结合学校的优势与特色、学校建设基础、人才培养方向等因素来综合判定是否作为目标培养岗位，挑选出最适合酒店管理与数字化运营专业的目标培养岗位。从上表可以发现，酒店前厅经理、餐厅经理、宴会统筹、客房经理、数字营销专员、酒店会员营销经理、酒店收益专员、酒店收益经理、酒店销售代表、酒店销售经理、酒店预订经理、民宿店长在关联度、需求量、大专及以下学历要求、学历要求指数、月

薪平均指数等多个方面的数据表现较符合要求。经验要求指数较高说明产业对该类人才的素质要求较高，也能从侧面说明这类岗位的职业发展前景较好。

由于酒店收益专员与酒店收益经理均属于收益类岗位，项目组通过比较酒店收益专员与酒店收益经理在岗位能力、就业前景、学历、经验要求、薪资等多方面因素，将酒店收益专员和酒店收益经理合并为酒店收益岗，将酒店收益岗作为目标培养岗位。

由于酒店销售代表与酒店销售经理均属于销售类岗位，项目组通过比较酒店销售代表与酒店销售经理在岗位能力、就业前景、学历、经验要求、薪资等多方面因素，建议酒店销售代表与酒店销售经理合并为酒店销售代表/经理，将酒店销售代表/经理作为目标培养岗位。

经过上述分析，酒店管理与数字化运营专业的目标培养岗位确定共10个（见表2-7），酒店前厅经理属于前厅管理类岗位；酒店收益岗属于收益类岗位；数字营销专员与酒店会员营销经理均属于营销类岗位；民宿店长和客房经理均属于房务管理类岗位；餐厅经理与宴会统筹均属于餐厅管理类岗位；酒店销售代表/经理均属于销售类岗位。

表2-7 酒店管理与数字化运营专业目标岗位重要维度数据情况

岗位分类	岗位名称	全国需求量	大专学历比例	经验要求指数	月薪平均数
前厅管理类	酒店前厅经理	13671	0.6776	2.51	6.62
	酒店预订经理	632	0.7718	2.37	6.44
收益类	酒店收益专员	8423	0.7188	2.91	10.11
	酒店收益经理	4097	0.7425	3.54	10.33
营销类	数字营销专员	102858	0.5378	1.81	9.51
	酒店会员营销经理	2379	0.6208	2.98	13.75
房务管理类	民宿店长	2008	0.7957	3.05	8.75
	客房经理	9351	0.4774	2.07	5.71
餐厅管理类	餐厅经理	49616	0.7704	1.68	5.5
	宴会统筹	11318	0.5663	1.8	6.3
销售类	酒店销售代表	72433	0.7482	2.02	8.99
	酒店销售经理	15429	0.7336	2.46	7.96

综上所述，酒店管理与数字化运营专业的目标培养岗位为酒店前厅经理、酒店预订经理、酒店收益岗、数字营销专员、酒店会员营销经理、民宿店长、客房经理、餐厅经理、宴会统筹、酒店销售代表/经理。专业目标培养岗位的确定，明确了专业与产业之间的联系，完善了从产业到岗位、从岗位到专业的分析逻辑。

二、目标岗位工作任务与职业能力分析

项目组结合学校自身情况与大数据分析结果，基于互联网公开的产业人才招聘信息的"职责描述"和"任职要求"，选取酒店前厅经理、酒店预订经理、酒店收益岗、数字营销专员、酒店会员营销经理、民宿店长、客房经理、餐厅经理、宴会统筹、酒店销售代表/经理共10个岗位开展岗位工作任务与职业能力分析。工作任务、职业能力、普适性、要求指数的解释说明见表2-8所示。

表2-8 目标岗位工作任务与职业能力指标说明

序号	指标	指标解释
1	工作任务	指该岗位的工作流程、步骤和具体职责
2	职业能力	指运用知识和技能解决工作中实际问题的能力，包括工作标准的把握、工作方法的运用、工具的使用、劳动材料的选择等
3	普适性	普适性（0~100%）=岗位任务点/岗位数据量或岗位能力点/岗位数据量，体现该条岗位任务或岗位能力是否普遍存在
4	要求指数	要求指数（0~100）：体现胜任该岗位工作要求掌握该岗位能力的程度，数值越大，要求掌握的程度越深

（一）酒店前厅经理工作任务与职业能力分析

酒店前厅经理作为酒店前厅管理人员，除了需要具备人员管理的能力之外，酒店运营、客房管理的能力、良好的沟通能力及服务意识也十分重要，需要熟悉酒店服务礼仪、服务项目；掌握前厅管理基础知识，能独立处理各种投诉；酒店线上OTA运营工作；合理控制房态，使客房达到最高出租率，利润最大化。

表 2-9 酒店前厅经理工作任务与职业能力分析表

类型	任务以及能力类别	任务及能力要求	普适度	要求指数
工作任务要求	酒店运营	协助店长开展酒店内外销售工作，完成销售业绩	32.97%	—
		主持开展前厅部营业任务	27.03%	—
		负责酒店线上 OTA 运营工作	20.00%	—
		安排重点宾客的接待工作	15.95%	—
		制订运营标准计划并实施	14.32%	—
	员工管理	负责人员及班次安排、制作考勤表并审核考勤情况	25.70%	—
		安排管理酒店前台接待人员的日常工作	24.86%	—
		制订前厅员工的培训计划并督促实施	13.51%	—
	客房管理	处理酒店内的各种宾客关系问题	16.22%	—
		主持客房巡查工作，每班抽查一定数量的客房	14.32%	—
		合理控制房态，使客房达到最高出租率，利润最大化	12.62%	—
		负责前厅部日常房务接待、问询、预订工作	10.81%	—
		掌握当日客情，及时做好住宿安排及活动安排	8.54%	—
	其他工作	管理、调配部门使用的各项消耗品	27.57%	—
		配合财务审核各项成本控制的监督和巡查工作	17.03%	—
		定期分析店内经营和管理状况、制作报表并向上级汇报	14.32%	—
		协助或代表总经理做好 VIP 客人的接待工作	13.24%	—
		通过接待服务确立公司良好口碑和公众形象	12.70%	—
	基础知识	掌握酒店管理知识、具有酒店管理相关培训证书	9.43%	54.16
		具有良好市场分析判断和营销策划能力	8.78%	49.48
		熟悉酒店客房销售知识，接受过酒店接待礼节礼仪培训	8.45%	41.18
		对酒店业有浓厚兴趣，具有良好的团队领导精神及执行力	8.03%	39.68
		精通酒店财务数据运营管理	7.85%	35.69
		熟练使用办公自动化设备及办公软件	7.69%	79.63

续表

类型	任务以及能力类别	任务及能力要求	普适度	要求指数
工作能力要求	酒店管理	熟悉酒店服务礼仪、服务项目	23.86%	65.31
		熟悉酒店管理工作流程和管理规范	18.21%	62.86
		熟悉行政、办公室管理工作流程、工作标准	10.46%	48.79
		掌握客房管理与服务知识	8.68%	58.66
		熟悉酒店各项紧急情况处理的程序和规定	7.85%	69.33
		熟悉OTA平台的前后端操作程序、懂OTA运营及收益管理	6.38%	50.69
	前厅管理	掌握前厅管理基础知识,能独立处理各种投诉	46.49%	53.23
		精通前厅部各岗位操作技能、掌握前厅部运营标准	19.19%	70.36
		熟悉酒店前厅的经营管理工作,具有较强的工作责任感	12.36%	68.56
		掌握前台收银方面的基础知识	7.69%	75.69
		熟知前厅服务设施的功能,负责管理维护工作	8.45%	34.76
		掌握前厅各项业务标准化操作程序、客房知识	6.26%	45.32
	其他	熟悉计划调度及预算管理	13.45%	41.23
		了解市场状态、熟悉同行业竞争的动向	10.05%	65.45
		了解旅客心理和推销技巧	9.23%	40.33
		了解宗教常识、了解国内外民族习惯和礼仪要求	6.21%	30.56
		熟悉旅游经济、旅游地理知识	5.89%	45.66
		熟悉涉外法律,了解国家重要旅游法规	5.69%	65.38
工作能力要求	综合素质	具有良好的沟通能力及服务意识	38.38%	43.84
		具有良好的普通话交流能力、亲和力	23.77%	63.45
		具有敏锐的观察力及应变能力	21.66%	43.62
		具有较强的学习能力、创新能力	18.65%	43.41
		具有较强的协调管理能力,具有一定的销售能力	17.89%	42.18
		具备较好的英文听说能力、能流利准确地与外宾对话	14.13%	44.06

（二）酒店预订经理工作任务与职业能力分析

酒店预订经理作为酒店前厅管理人员,除了需要具备人员管理、设备管理的能力之外，信息记录及反馈、战略制定的能力也十分重要，需要监控竞争酒店市场动态，及时反馈价格信息；记录散客趋势，入住率记录和市场细分发展情况来协助预测工作；根据对酒店的销售情况，对市场行情进行合理的分析，对酒店不足的地方提出改善建议。

表 2-10　酒店预订经理工作任务与职业能力分析表

类型	任务以及能力类别	任务及能力要求	普适度	要求指数
工作任务要求	信息收集反馈	及时汇报酒店日常经营状况，发现和总结酒店的问题并及时反馈总部	38.49%	—
		征询宾客意见，沟通酒店与宾客之间的情感，维护酒店声誉	32.94%	—
		掌握订房的状况、对比其他竞争酒店的预订走势，留意重要团体活动的动态	26.62%	—
		监控所负责区域商旅自采酒店的房态、价格情况，保证酒店预订业务的顺畅及价格的竞争力，定期客户维护	21.04%	—
		建立、完善客史档案，充分掌握酒店的客情，有针对性地提供周到的服务，提高科学管理水平	16.61%	—
	培训考察	进行国内分管区域内酒店的考察和评估	26.18%	—
		熟知酒店一切规章制度、政策和程序，并保证在本部门得以实施	23.76%	—
		负责酒店团队的建立，提高整个酒店的服务质量和员工素质	20.37%	—
		组织员工进行相关培训内容的考核，检验培训成果	16.16%	—
	接待销售	负责酒店上门客户的接洽和跟进	28.71%	—
		联系供应商（酒店或同行），取得优势报价，促成订单	25.44%	—
		为宾客提供电话转接、叫醒、叫车、行李运送等综合服务	21.18%	—
		积极协调销售、客房、餐饮、康乐和安全以及工程维修部门，共同提高服务质量	16.01%	—
	其他工作	督导前台严格按酒店的财务制度及财务工作程序进行操作	23.54%	—
		与电脑房共同搭建完善的信息资讯平台，为客人提供超值化的增值服务	20.15%	—
		负责 b2b、b2c 平台酒店静态数据和动态数据的维护	15.82%	—

续表

类型	任务以及能力类别	任务及能力要求	普适度	要求指数
工作能力要求	信息记录及反馈	能建立良好的客户关系，做好客史档案的建立工作	29.93%	81.92
		能监控竞争酒店市场动态，及时反馈价格信息	26.82%	69.81
		能及时总结工作中遇到的问题，根据酒店的销售情况，对市场行情进行合理的分析，对酒店不足的地方提出改进建议	23.29%	66.71
		能够每天定时查阅有关报表和报告，掌握客房预订的销售情况和客人动态	20.65%	72.18
		能处理客人投诉记录及汇总表，亲自处理贵宾的投诉和客人提出的疑难问题，及时反馈、检查、监督落实情况，以保证酒店服务效率和质量	18.97%	56.45
		掌握每天客人抵离数量及类别，负责迎送重要客人并安排其住宿	14.86%	65.34
	人员管理	能负责与酒店管理系统进行业务联系与沟通，协调与纠正部门之间出现的工作矛盾和偏差	27.86%	64.22
		及时记录所属员工表现，确保本部门各项工作与酒店整体工作一致，发现偏差，及时纠正，并以身作则	23.41%	57.02
		能深入了解员工服务态度、工作质量，解决员工工作、生活问题	20.77%	36.45
		督导下属工作，负责前台员工培训，评估等工作	15.48%	37.18
	战略制定	随时掌握订单变化情况，减少预订不确定性	28.86%	74.59
		记录散客趋势、入住率记录和市场细分发展情况来协助预测工作	25.70%	72.06
		协助总经理跟踪近、远期房态，实行动态房价调整，保障收益管理落地实施	20.88%	68.26
		结合市场销售预算和预测，制订年度收益计划	18.77%	42.79
	设备管理	整理及保管好各种预订资料和宣传资料	29.46%	32.16
		负责总台财产、设备的使用管理和保养工作，及各类资料的收集、存档及管理工作	24.13%	42.67
		周期性核对交班记录本、发票登记本、遗留物品登记本、房态报表、夜审报表等记录内容，保障记录内容规范并落实	15.52%	23.88
	综合素质	能全面负责预订部的日常工作，通过对部门业务工作各环节的有效控制及管理，保证酒店宴席预订系统的正常运转	37.23%	75.92
		工作态度端正，积极主动，责任心强，团队意识强烈	34.04%	71.65

续表

类型	任务以及能力类别	任务及能力要求	普适度	要求指数
工作能力要求	综合素质	掌握酒店管理基础知识，善于同宾客交往、沟通，处理周到、果断，能独立处理各种投诉	27.63%	83.47
		具有良好的组织协调能力和人际交往技巧	23.10%	63.27
		工作认真负责，积极主动，能吃苦耐劳，勇于承担压力，勇于创新	20.91%	78.49
		具有较强的计划、组织、执行和控制能力，优良的沟通技巧和谈判能力	18.35%	74.92
		具有较好的协调技巧和组织技巧	15.64%	22.65
	其他	能够执行总经理助理的工作指令，负责酒店宾客服务部的管理和服务工作，向总经理助理汇报工作情况	29.89%	73.28
		擅长沟通表达、亲和力强，抗压能力强	25.67%	82.19
		熟悉酒店服务的动作和管理，有相关前厅管理经验	22.69%	72.36
		负责发出各种信件、传真、备忘录，与旅行社及其他客户落实订房事宜	19.90%	69.75
		完成每日的工作总结、次日工作计划、每周周总结、每月月总结，年度工作总结及计划	17.59%	56.83
		普通话清晰，英语书面表达较准确和口语表达较流利	13.01%	43.10

（三）酒店收益岗工作任务与职业能力分析

酒店收益岗作为酒店收益管理人员，需要具备数据分析、收益管理、成本控制、酒店运营的能力，需要制定营销收益管理战略和策略，负责各酒店营销收益管理工作的推进及落地；制定相关财务计划，控制各项目的运营成本；具备独立的数据分析能力，包括数据的提取、清洗、分析、报告。

表 2-11　酒店收益岗工作任务与职业能力分析表

类型	任务以及能力类别	任务及能力要求	普适度	要求指数
工作任务要求	数据监测	负责监测、分析、挖掘经营和销售业务数据	10.83%	—
		负责根据历史数据和当前预订进行预测分析	9.17%	—
		监测竞争对手的定价，并就酒店的定价和市场综合策略给予合理建议	7.83%	—

续表

类型	任务以及能力类别	任务及能力要求	普适度	要求指数
工作任务要求	数据监测	预测市场需求，为酒店争取市场关键时机	5.27%	—
	经营管理	负责根据市场实际情况和酒店经营状况制定酒店业务规划，制定酒店经营方针	15.83%	—
		监督和控制酒店业务计划和经营方针的实施情况	14.17%	—
		建立健全符合品牌发展的统一运营标准流程并规范运营制度	13.57%	—
		负责酒店营销方案的制订、引导和管控营销工作方向，确保营业目标完成	11.67%	—
		负责住宿业务重点项目分析及策略方案输出，持续跟踪项目进展情况	10.83%	—
		负责分解下达年度的工作目标和市场营销预算，并及时调整和有效控制	10.23%	—
		负责所辖酒店产品的进销库存管理及渠道分销管理	10.35%	—
	收益管理	探索收益产品方法论，为酒店收益提供引导	30.83%	—
		根据酒店收益情况作出分析，每周召开收益管理会议	24.17%	—
		制定营销收益管理战略和策略，并负责各酒店营销收益管理工作的推进及落地	21.67%	—
		负责住宿业务增收探索工作，熟悉酒店供应链及收益管理体系，提升住宿业务盈利能力	11.67%	—
		负责民宿的经营管理，做好入住提升，保障服务质量，做好收益管理	10.83%	—
		评估本地业务和团体业务，确定酒店将来定价和协商结果	10.47%	—
		负责市场变化的判断，便于为未来价格设置和磋商提供依据	8.57%	—
	成本控制	制订相关财务计划，控制各项目的运营成本，实现办公空间收益增长	10.78%	—
		管理加盟店收益，协助控制加盟店成本，实现加盟店利润最大化	9.63%	—
		负责酒店产品的成本估算，制定出合理的市场价位，有效进行成本分析和成本、风险控制	5.46%	—
	基础知识	熟悉酒店的工作程序、经营策略、质量标准	15.83%	65.18
		熟悉酒店的制度和程序，能确保酒店的规章制度顺利执行	14.17%	62.51

续表

类型	任务以及能力类别	任务及能力要求	普适度	要求指数
工作能力要求	基础知识	掌握酒店运营管理常识，熟悉客房、餐饮、前厅等核心部门的基本知识和技能	12.85%	85.47
		了解基本的财务管理、采购、资产管理、供应链管理常识	12.25%	40.17
		熟练掌握PPT、Excel和Word的制作汇报技巧	10.83%	90.25
		熟悉酒店、民宿不同平台的模式和属性	7.53%	70.94
	数据分析	对数据敏感，具有较强的逻辑思维能力	40.26%	51.67
		具备独立的数据分析能力，包括数据提取、清洗、分析、报告	27.56%	60.59
		能够读懂财务报表，通过相关数据进行运营管理分析	13.33%	78.59
		对数据分析相关模型有较好的理解	10.83%	32.56
	收益管理	熟悉收益预订部所有业务流程	14.17%	67.22
		了解酒店效益的组成部分，并以此对客户和群体的业务进行评估	15.23%	26.95
		能够熟练运用业绩收益管理工具	11.83%	70.59
		了解酒店的价格体系制定、客源构成和市场细分	9.17%	22.35
		具有有效的酒店报价概念，优化收益管理和销售策略的知识	7.58%	65.47
		熟悉酒店收益管理，根据酒客源结构制订营销方案包括定价	6.67%	62.15
	销售规划	具有同行酒店销售信息收集及分析的能力	16.67%	44.62
		有能力制订所负责运营酒店的全年销售规划，并有节奏地纵向分解到月、日目标	13.33%	43.25
		具有在既定市场条件下清晰认识并决定酒店整体销售概念的能力	6.67%	49.58
	酒店运营	熟悉酒店运营及品牌宣传业务，具有较强的市场分析能力、营销策划能力	53.33%	68.84
		熟悉国内的酒店市场行情，熟悉本地政商关系	11.67%	75.91
		对线上OTA（美团、携程、飞猪）各渠道运营规则清晰	10.47%	41.37
	其他	具有较强的公共关系能力、大型活动组织能力、会员管理能力	57.56%	45.64
		具有敏锐的市场感知及客户开发能力	17.52%	42.31
		热爱酒店行业，性格开朗、沉稳干练、有品位	13.33%	36.25

续表

类型	任务以及能力类别	任务及能力要求	普适度	要求指数
工作能力要求	其他	具有敏锐的商业和市场意识，敏锐的把握市场方向的能力	10.74%	48.57
		对互联网＋酒店模式和新零售业态有一定了解和积极学习的心态	9.14%	37.18
	综合素质	具备一定的抗压能力以及较强的管理能力、应变能力	62.53%	50.43
		具有较强的资源整合能力，组织协调能力、突发事件处理能力	60.83%	44.39
		有较强的沟通能力和团队合作精神	50.46%	41.94
		具有良好的客户服务意识，谈判能力强	33.33%	41.11
		具有出色的领导能力和良好的职业道德，具有较强责任心	32.85%	42.86
		兼具较强的独立工作能力和团队精神，善于协调内部及外部关系	22.51%	42.78

（四）数字营销专员工作任务与职业能力分析

数字营销专员作为酒店、餐饮行业的线上营销人员，需要具备策划撰写、营销策略、数据分析、用户管理、新媒体运营推广的能力，需要具备一定的电商运营策划能力、社交媒体（微信、微博、小红书等）互动营销、营销方案推广能力；熟悉数字营销、SEM营销、口碑营销、内容营销等营销方式；熟悉线上线下活动和用户运营，擅长用户活动策划；具备门店运营、线上运营与推广的能力；对数据敏感，具备较强的数据分析与总结能力。

表2-12　数字营销专员工作任务与职业能力分析表

类型	任务以及能力类别	任务及能力要求	普适度	要求指数
工作任务要求	活动策划	负责将数字营销/社交媒体营销计划与所有营销活动整合	45.98%	—
		推动数字营销活动，包括搜索引擎营销、社交媒体营销和电子邮件营销活动	40.23%	—
		负责公司市场活动策划，如网络宣传活动、数字营销活动等	20.69%	—

续表

类型	任务以及能力类别	任务及能力要求	普适度	要求指数
工作任务要求	活动策划	负责跟踪并推进营销活动执行，根据活动执行效果形成分析报告	17.24%	—
		组织会员活动或督导会员活动执行并定期对活动策划执行提出优化方案	13.79%	—
		负责与淘宝、京东等平台联合官方活动、移动活动及第三方活动	10.34%	—
	品牌规划	负责实施品牌规划和品牌的形象建设	16.09%	—
		构建完整的社交媒体品牌定位/宣传策略等	8.75%	—
		负责品牌在线活动文案撰写、活动主题创作	6.91%	—
	媒体运营	负责社交媒体（微信、微博、小红书等）互动营销、数字营销推广	32.18%	—
		负责新媒体、自媒体、社交媒体等渠道的内容策划、撰写、排版、更新	27.59%	—
		负责新媒体的运营策略制定与实施	21.84%	—
		负责与各大媒体建立良好的互动关系，确保足够的媒体声量	21.84%	—
		负责通过社交媒体与客户互动，确保社交媒体的方法适用于各种类型媒体	19.54%	—
		负责及时把握新媒体动向，了解新媒体的运用，进行数字营销新渠道的开发	16.09%	—
		关注新媒体发展趋势，积极探索新媒体运营新模式、新应用和新玩法	12.64%	—
	优化完善	负责通过对会员数据的深入挖掘，分析会员消费行为习惯，完善用户分层	14.36%	—
		收集并分析会员销售数据，评估会员营销活动效果，改进营销活动策略	12.64%	—
		负责会员生命周期的管理与营销，会员数据分析与挖掘	11.15%	—
		负责建立会员数据库及相关数据深度分析与营销应用	9.62%	—
		负责通过CRM软件、微信等工具，跟会员进行互动，催化会员活跃度	6.14%	—
		负责构建用户数据模型，挖掘用户群体属性、潜在种子用户以及用户偏好等信息	5.75%	—

续表

类型	任务以及能力类别	任务及能力要求	普适度	要求指数
工作能力要求	统计分析	利用各类相关产品资源优化组合，为大客户提供数字营销解决方案	25.29%	—
		负责对运营数据进行监控，包括营销数据、交易数据、热搜词数据等进行分析、评估	12.64%	—
		负责对累计数据的综合整理与分析，做基本的数据预警与亮点提示	10.34%	—
		负责市场信息的收集及竞争对手的分析	6.90%	—
	基础知识	优秀的PPT报告制作能力及解读能力	48.28%	46.11
		熟练使用各种办公软件	14.94%	80.54
		熟悉各类互联网推广渠道、掌握项目管理相关知识	14.65%	62.86
		熟悉社会化媒体的传播策划	12.64%	67.69
	数据分析	对数据敏感，具备较强的数据分析与总结能力	31.03%	46.67
		熟悉相关数据工具及熟练使用第三方数据分析平台	13.79%	76.75
		善于用户数据分析，能够通过对用户行为数据的分析，深入挖掘用户需求	13.45%	64.25
		对数据问题定位和数据可视化有自己的认识	6.17%	50.14
	策划撰写	具备一定的电商运营策划能力、营销方案写作推广能力	48.28%	45.67
		能独立完成活动方案，从策划、执行到活动总结	18.29%	64.85
		优秀的文字功底，能够独立完成策划方案的策略、方案撰写和提案	16.29%	45.98
		能完成符合客户需求的执行方案及阶段性报告等关键文件撰写	11.15%	60.75
	用户管理	熟悉线上线下活动和用户运营，擅长用户活动策划	10.45%	76.67
		熟悉会员管理模式，善于通过数据对会员偏好进行分析，针对性展开会员活动	9.47%	60.18
		对会员引导注册、会员深度开发、会员数据分析等环节有清晰的方法和思路	8.45%	30.47
	营销策略	在品牌数字营销领域有敏锐的市场洞察能力和分析能力	43.68%	44.71
		熟悉数字营销、SEM营销、口碑营销、内容营销等营销方式	39.68%	67.89
		具备一定的整合营销、数字营销能力	39.08%	61.82
		了解新媒体特点，熟悉互联网营销的操作流程	22.99%	57.27
		能捕捉市场变化信息，组织有效调研分析	19.54%	67.54

续表

类型	任务以及能力类别	任务及能力要求	普适度	要求指数
工作能力要求	营销策略	有一定商业敏感性和企划、营销活动方案策划能力	12.64%	45.71
		精通品牌营销策略，有很强的战略性前瞻思维	12.32%	80.85
	媒体传播	熟悉、精通新媒体运营的逻辑和平台	27.59%	75.63
		把握社交媒体动向，对数字平台、媒体、热点熟悉并能够迅速应用	10.34%	67.57
		对于新媒体传播有独特的见解，并不断创新	6.94%	60.35
	互联网	热爱互联网，对互联网数字营销类项目感兴趣	16.09%	40.75
		对互联网营销具有一定的敏锐度和了解	13.79%	43.33
		了解网络传播的各种工具、平台，了解互联网和新媒体发展趋势	10.34%	60.15
	运营推广	具备门店运营、线上运营能力	14.94%	36.67
		精通微博、微信公众等平台的运营与推广模式	9.58%	83.33
		具备扎实的运营功底，熟练掌握各类运营工作的方法论与实操流程	7.75%	45.98
	综合素质	有较强的沟通能力、团队合作能力，抗压能力强	60.92%	46.09
		具备较强逻辑思维能力、规划能力、数据分析能力	59.77%	46.96
		有较强的执行能力、学习能力和一定的市场营销能力	57.47%	45.45
		良好的团队管理和协作能力，有一定亲和力	31.03%	45.38
		有独立工作能力，责任心强，工作细致、认真	29.89%	43.33
		口齿清晰，普通话流利，语音富有感染力	11.15%	84.65

（五）酒店会员营销经理工作任务与职业能力分析

酒店会员营销经理作为酒店行业的营销人员，需要具备策划撰写、营销策略、会员管理、用户运营、数据分析的能力，需要具有操作酒店管理平台及营销活动策划推广执行能力；熟悉用户社群维护体系，熟悉新媒体营销、用户黏度维护等流程；精通国内主流OTA平台运营规则和技巧；负责每日监控营销数据、交易数据、商品管理、顾客管理；负责会员活动管理，线上、线下联动，进行会员活动策划；负责集团会员增长业务，设计会员权益，为会员提供增值服务。

表 2-13 酒店会员营销经理工作任务与职业能力分析表

类型	任务以及能力类别	任务及能力要求	普适度	要求指数
工作任务要求	数据分析	负责每日监控营销数据、交易数据、商品管理、顾客管理	22.88%	—
		协助产品部完成竞品分析、用户分析及跟踪	15.03%	—
		负责社群数据统计和分析，持续优化用户裂变及增长方式	9.68%	—
	会员管理	负责会员活动管理，线上、线下联动，进行会员活动策划	83.66%	—
		负责平台会员活动、会员等级、会员积分等运营体系的搭建及管理	82.35%	—
		负责会员信息管理，不断完善、更新会员信息，保证会员权利的实现	79.08%	—
		负责通过个性化的激励提升会员体验以及会员价值，做好会员关怀及复购管理	72.83%	—
		负责会员中心 VIP 私人管家及回访全面管理工作	10.65%	—
	会员运营	负责基于精准分类开展全面的会员营销活动，提升会员满意度及忠诚度	81.77%	—
		负责集团会员增长业务，设计会员权益，为会员提供增值服务	79.74%	—
		负责与会员进行互动，促进会员的活跃度，如重复购买率提升、会员活跃度催化	78.43%	—
		负责酒店会员生命周期管理及核心引导策略	77.78%	—
		负责管理会员积分商城的运营，包括会员积分兑换、结算及线上商品更新	58.17%	—
	营销策划	制定公司营销战略，并根据营销战略制定、实施公司年度营销计划	28.76%	—
		负责根据产品规划策略不断优化产品、提升产品质量和用户体验	12.42%	—
		负责 OTA 平台订单处理，与内部同事对接产品、沟通，月结对账工作	10.65%	—
		负责 APP 整体规划、营销、推广、客户关系管理等系统经营性工作	7.84%	—
		制定社群运营策略，社群体系建立，社群定位梳理，社群活动的组织和开展	5.88%	—
	酒店运营	负责收集竞争对手信息、客户信息，做好各项目市场调研工作	14.58%	—
		分析各大渠道的优势和特点，组织和策划产品推广，定期进行效果评估	13.27%	—

续表

类型	任务以及能力类别	任务及能力要求	普适度	要求指数
工作能力要求	酒店运营	负责定期针对推广效果进行跟踪、评估,提出问题和解决方案	11.96%	—
		负责团队管理,制定服务体系政策,工作规划安排	9.34%	—
		辅助上线初期的客户服务、总结客户反馈、深度分析客户需求	8.54%	—
		负责通过客户画像开展精准客户服务运营工作	7.84%	—
	基础知识	熟悉酒店行业,了解会员营销和品牌运营	43.79%	62.52
		熟悉电商渠道管理,具有会员管理知识	26.14%	63.44
		熟练使用 Word、PPT、Excel 和基础的 Photoshop	13.27%	88.57
		了解酒店或酒店集团与 OTA 的关系	10.26%	31.85
		熟悉酒店行业标准和规范、运营管理流程、全过程开发和管理	9.80%	64.38
	会员管理	熟悉会员营销,具备丰富的销售管理经验和良好的服务意识	47.06%	69.32
		通过原始数据多维度分析会员消费情况,独立编写会员活动文案	29.41%	37.75
		具有维护会员客情,解决会员客户的个性化需求的能力	26.14%	68.36
		对会员营销平台的搭建和方案设计有深刻的认识和高角度的理解	18.95%	36.44
		掌握会员服务各项业务标准化操作程序、知识,了解顾客心理和推销技巧	10.65%	60.47
	运营管理	熟悉酒店/民宿行业各主流平台和传统渠道的规则、流程和体系	41.61%	70.34
		对酒店 OTA 业务具有专业的工作能力	13.73%	35.48
		精通携程等国内主流 OTA 平台运营规则和技巧	11.96%	80.84
		精通度假型酒店、管家式服务、民宿整体营运策划、成本控制和管理	11.31%	80.17
		熟悉移动互联网行业或大住宿行业情况,了解互联网用户运营策略	9.80%	68.46
		对运营品类的分析策划、商家运营等有着一套成熟有效的管理和运营方法	9.15%	47.95
		具有高度的责任感,熟悉旅游酒店产品、用户运营、推广运营	8.65%	67.69

续表

类型	任务以及能力类别	任务及能力要求	普适度	要求指数
工作能力要求	用户运营	熟悉用户运营、活动运营、产品运营的流程与方法论	16.99%	47.41
		对用户行为和需求能够精准把握，能够快速反应并指导处理	14.58%	38.25
		熟悉用户社群维护体系，熟悉新媒体营销、用户黏性维护等流程	7.84%	47.06
	营销策划	能针对不同的目标用户制订切实可行的行动计划	45.75%	66.11
		具有较强的客户维系能力，能对外建立广泛的业务网络	37.91%	51.88
		熟练操作酒管平台及营销活动策划，推广执行能力	23.53%	87.78
		熟悉酒店/民宿收益管理策略制定及会员营销体系的搭建	22.88%	61.97
		负责品牌推广、市场推广、促销策划、会员管理、销售宣传、定价管理等	14.38%	38.16
		熟悉品牌传播与营销的规律，以及品牌标准与媒体传播管控方法	12.61%	68.49
		了解连锁酒店集团或品牌酒店的价格体系制定、客源构成和市场细分	9.27%	50.57
	综合素质	具有较强的计划决策能力、人际沟通能力	55.56%	41.93
		具备高端客户谈判能力、优秀的商家运营管理能力	48.37%	48.45
		具备较强的目标管理和团队管理能力	36.60%	46.67
		具备创造性思维及逻辑思维能力	26.14%	43.64
		具有较强的责任心、适应能力	12.61%	40.12
		优秀的市场敏锐度、决策力和领导力	10.65%	37.19

（六）民宿店长工作任务与职业能力分析

民宿店长作为民宿房务管理人员，需要具备营销策划、人员管理、战略制定与实施、信息记录及反馈、民宿经营管理的能力，需要具有高度的线上线下营销策略制定能力；根据市场动向、特点及发展趋势，确定民宿的经营方针和经营计划；认真分析经营活动的各项数据报表，严格控制成本；定时查阅有关报表和报告，掌握客房预订的销售情况和客人动态；民宿店面的日常经营与管理；OTA运营平台的选择、维护、管理；做好民宿内人员的分工管理工作。

表 2-14 民宿店长工作任务与职业能力分析表

类型	任务以及能力类别	任务及能力要求	普适度	要求指数
工作任务要求	经营管理	民宿店面的日常经营与管理	28.43%	—
		民宿特色经营管理，策划组织、承接特色活动服务	25.14%	—
		负责民宿的采购和成本控制	23.85%	—
		监督民宿商品损耗管理，物品采购	20.34%	—
		塑造度假村、民宿良好服务形象	15.16%	—
	培训监督	监督客房服务员卫生打扫情况	27.70%	—
		带领团队热情友好地提供对客服务	22.42%	—
		对服务员商品陈列、商品质量和服务质量的管理	20.54%	—
		店员日常工作的安排，保障店面有条不紊的运作	15.06%	—
	战略制定	根据市场动向、特点及发展趋势，确定民宿的经营方针和经营计划	27.34%	—
		分析规划房源的特色，为房源定位发展做好规划、及优化	24.41%	—
		制订和落实客房销售计划，监督客房价格执行情况	20.59%	—
		根据公司的总体战略组织实施分店的发展战略，发掘市场机会，领导创新与变革	15.02%	—
	其他工作	民宿各处设备器械及时检查维修	25.17%	—
		OTA运营平台的选择、维护、管理，线下客源开发	20.80%	—
		民宿日常的住客接待及沟通服务	18.02%	—
	信息记录及反馈	负责日常门店的对客情况，维护客情及办理客户入住情况	24.15%	81.02
		能够每天定时查阅有关报表和报告，掌握客房预订的销售情况和客人动态	18.67%	72.33
		能够时刻记录民宿设备损坏情况并及时维修	16.23%	66.98
	营销策划	有高度的线上线下营销内容策略制定能力	27.97%	76.12
		能针对不同的目标用户制订切实可行的行动计划	17.60%	73.06
		有一定的创意和文案撰写能力，有良好的审美	15.56%	55.29
	人员管理	做好民宿内人员的分工管理工作	29.66%	49.76
		及时记录所属员工表现，确保本部门各项工作与民宿整体工作一致，发现偏差，及时纠正，并以身作则	15.56%	57.57
		负责对员工的培训教育	15.52%	67.28
		负责民宿不同部门的业务联系与沟通	14.61%	41.89

续表

类型	任务以及能力类别	任务及能力要求	普适度	要求指数
工作任务要求	战略制定与实施	认真分析经营活动的各项数据报表，严格控制成本，跟进和指导营销的拓展，做好开源节流的工作	29.23%	62.91
		分析规划所负责房源的特色，为房源定位发展做好规划、以及问题房源的优化	21.29%	82.46
		全面主持店面的管理工作，配合总部的各项营销策略的实施	17.78%	77.24
		结合市场销售预算和预测制作年度收益计划	14.99%	42.06
	基础知识	熟悉餐饮行业，熟悉餐饮管理流程	34.08%	82.78
		了解民宿开业筹备各项工作（工程验收移交、物资采购、人员招聘、人员培训和营销推广、相关行政审批手续办理等）	17.24%	78.50
		擅长摄影或简单图片处理、简单视频拍摄，网络推广者优先	16.43%	72.91
	综合素质	具备较强的创新能力、分析判断能力以及适应能力	37.04%	73.18
		热爱田园隐墅生活，愿意常驻民宿，有志于长期在文化旅游及度假酒店领域发展	27.75%	83.38
		具有较强的沟通表达能力、应变能力和执行力	24.71%	73.18
		具有较强的表达和书写能力，普通话标准	19.24%	71.65
		具备强效的执行力和服务意识，灵活的协调能力和危机处理能力	15.24%	76.05
		能够按服务标准进行工作，反应灵敏，机智灵活	13.87%	53.89
		具备较强的学习能力和执行力	10.23%	73.44
	其他	了解所辖门店内房源筹备及运营的流程管理、标准管理	27.78%	72.99
		监督管理好民宿所属场地的清洁卫生、各种安全、防火等工作	24.37%	61.65
		妥善处理所辖区域内突发事件	21.33%	67.29
	其他	熟悉 OTA 平台对接，熟悉民宿文化	18.89%	63.04
		熟练使用操作办公设备	15.39%	54.71
		熟悉国家民宿运营相关的政策及地区法律法规	11.32%	39.00

（七）客房经理工作任务与职业能力分析

客房经理作为酒店房务管理人员，需要具备酒店管理、客户服务、客房服务、员工管理、成本管理的能力，需要掌握客房接待礼仪知识，具有熟练的服务技能；熟悉酒店的管理系统和运作模式；熟练使用办公软件，办公自动化设备；主动接触客人及陪同人员，了解客人特点和要求；指导客房领班层管理人员，落实全面的工作计划；检查客房的清洁状况和布置规格；控制客房部各物品的消耗，监督设备的使用情况。

表2-15 客房经理工作任务与职业能力分析表

类型	任务以及能力类别	任务及能力要求	普适度	要求指数
工作能力要求	客房管理	检查客房的清洁状况和布置规格	36.25%	—
		检查客房设施设备的清洁、维修、保养和管理工作	25.90%	—
		负责酒店客房的布草管理、仓库管理、小商品管理	11.95%	—
		跟进维修房的维修情况，保证客房的出租率	6.77%	—
		检查管家部的设施和管理，提升部门整体工作质量及工作效率	5.18%	—
	客户服务	主动接触客人及陪同人员，了解客人特点和要求	16.33%	—
		做好客人的意见采集、汇报及问题的解决落实工作	9.78%	—
		做好和前厅的沟通和衔接，处理客房突发事件	8.35%	—
	员工管理	指导客房服务员做好客房卫生清洁工作	44.62%	—
		指导客房领班层管理人员，落实全面的工作计划	35.46%	—
		负责对客房服务员操作规范的检查	25.90%	—
		组织和安排客房服务员与酒店其他各岗的操作衔接工作	15.94%	—
		负责酒店维修技师、清洁员、厨房人员的管理、监督、指导	9.96%	—
	成本管理	负责对部门各类物品进行清点整理、编制存货记录	25.50%	—
		控制客房部各物品的消耗，监督设备的使用情况	23.51%	—
		制作客房损益表并进行数据分析	13.15%	—
	其他工作	监督宾客遗留物品的处理情况	26.29%	—
		检查消防器具，做好安全工作和防火防盗工作	23.51%	—
		负责布草统计，易耗品申领及固定资产管理工作	11.20%	—
	基础知识	熟练使用办公软件，办公自动化设备	35.18%	78.56
		熟悉酒店服务礼仪、服务项目	23.86%	65.31
		具有较高的处理酒店客房突发事件的应变能力	10.03%	41.57

续表

类型	任务以及能力类别	任务及能力要求	普适度	要求指数
工作任务要求	基础知识	具有良好市场分析判断和营销策划能力	8.78%	49.48
		对酒店业有浓厚兴趣,具有良好的团队领导精神及执行力	8.03%	39.68
		精通房务部、楼层等各管区业务技能	5.69%	34.56
	酒店管理	熟悉酒店的管理系统和运作模式	17.89%	48.67
		熟悉酒店各项业务流程、熟悉酒店整体运营流程	13.94%	64.35
		具有较强的成本控制及策划能力	9.68%	49.31
		掌握酒店管理知识、具有酒店管理相关培训证书	9.43%	54.16
		熟悉酒店前台管理、仓库管理、酒店财务管理知识	8.36%	44.13
		熟悉酒店行业现状和发展趋势	6.89%	68.33
	客房服务	掌握客房接待礼仪知识,具有熟练的服务技能	24.70%	65.45
		掌握客房管理、服务流程和质量标准	13.03%	67.89
		精通岗位操作技能,掌握客房部运营标准	10.76%	73.56
		持有客房部经理上岗证或资格证书	10.56%	42.50
		熟悉客房设施设备,能够及时提出报修、更新和添置计划	8.89%	38.49
		熟悉客房布草等相关业务常识	6.75%	70.45
	其他	具有敏锐的市场洞察力、良好的策划销售能力	17.89%	41.25
		熟悉计划调度、预算管理、成本控制	13.45%	41.23
		熟悉管家部、餐饮部的管理工作	12.01%	50.63
		熟悉房间用品、维护设备、清洁程序	11.59%	65.14
		具有较强的人际交往能力、对客沟通能力	10.76%	38.89
		熟练掌握总台操作流程	8.37%	78.69

(八)餐厅经理工作任务与职业能力分析

餐厅经理作为酒店前厅管理人员,除了需要具备人员管理、客户服务的能力之外,餐厅管理、日常营运的能力也十分重要,需要具有基本的财务和数据分析处理能力;具备较强的公关协调能力;熟悉餐厅管理流程和关键步骤;负责开展市场调研,餐厅日常事务协调管理;负责提高对客服务质量,提供优质餐饮服务，负责针对餐厅各项标准进行检查。

表 2-16　餐厅经理工作任务与职业能力分析表

类型	任务以及能力类别	任务及能力要求	普适度	要求指数
工作能力要求	日常营运	负责开展市场调研，餐厅日常事务协调管理	46.15%	—
		拟定餐厅部每年的预算方案和营业指标	24.65%	—
		负责制订餐厅市场拓展计划并实施	17.90%	—
		审阅餐厅部每天的营业报表，做出经营决策	9.45%	—
	餐厅管理	负责餐厅各项标准进行针对性检查	39.72%	—
		负责餐厅现场人员管理	31.71%	—
		负责餐厅设备维护、质量管理、物料管理	23.66%	—
		负责餐厅成本控制、利润管理	22.61%	—
	服务优化	按照要求完成人员管理、菜品、服务质量管理	21.82%	—
		负责提高对客服务质量，提供优质餐饮服务	21.51%	—
	服务优化	处理客人的投诉，不断改善服务质量	16.28%	—
		发展良好的宾客关系，满足宾客的合理需求	13.45%	—
	员工管理	负责编制员工出勤表，检查员工出勤	26.03%	—
		负责组织员工学习服务技巧技能并完成考核	25.75%	—
		负责训练员工推销意识	10.68%	—
	其他工作	核对每日营业收入，保证餐厅营业收入安全	15.10%	—
		检讨门店的业务状况，完善经营措施	14.94%	—
		跟踪、检查台面，对不合格的地方进行指正或改正	16.04%	—
		负责本班组与其他班组的协调工作	14.88%	—
	基础知识	具有丰富的餐饮服务知识	15.18%	54.21
		具有良好的食品卫生安全意识	12.98%	50.00
		了解物流与库存管理知识	10.68%	28.13
		熟悉餐饮行业相关知识及食品安全知识	8.01%	69.93
		能够熟练使用Office办公软件	7.22%	78.19
		具有流利的英语口语和书写能力	6.78%	63.46
		掌握各种食品配方、食品原材料出料率标准	5.03%	57.87

续表

类型	任务以及能力类别	任务及能力要求	普适度	要求指数
工作能力要求	餐厅管理	精通现代管理理念及管理技术	23.86%	80.57
		熟悉餐厅管理流程和关键步骤	22.78%	63.23
		精通团队管理，熟悉门店的各项流程	20.41%	67.14
		熟悉区域管理和盘点管理	17.11%	58.06
		熟悉餐饮行业现状和发展趋势	10.99%	70.41
		熟悉高级餐厅运营流程	10.05%	70.61
	日常营运	具有较高的处理餐厅突发事件的应变能力	16.78%	43.69
		具有基本的财务和数据分析处理能力	34.38%	44.85
		具有丰富的市场营销知识，能够制订餐厅市场拓展计划	18.33%	52.36
		能够建立物资管理制度，做好维护保养的工作	9.73%	57.23
		熟悉餐饮行业的成本控制	6.94%	65.33
	客户服务	具备较强的公关协调能力	37.21%	44.81
		具有熟练的餐饮服务技能	27.00%	57.61
		熟悉餐厅服务方面的知识，具有熟练的服务技能	19.31%	67.11
		具有较高的对客沟通能力	17.27%	42.96
		熟悉餐厅服务用语及接待礼仪等知识	10.20%	65.67
		具有妥善处理顾客投诉意见的能力	5.35%	30.23
	综合素质	具有较强的服务餐饮业热情	38.38%	44.86
		具有较强的语言表达能力、执行能力、团队建设能力	37.05%	45.06
		具有较强的管理能力、社会活动能力、协调能力	36.73%	45.60
		具有较强的责任心和团队合作精神	27.16%	44.69
		具有良好的理解沟通能力、贯彻能力	26.49%	47.22
		具有良好的服务和团队意识	18.05%	60.32

（九）宴会统筹工作任务与职业能力分析

宴会统筹作为餐厅宴会管理人员，需要具备市场营销、客户服务、宴会管理、员工管理的能力，需要掌握市场动态，信息收集，能提出拓展客源的设想和方案；熟悉酒店宴会预订、销售、运营流程；掌握酒水、食品、烹饪知识；

具备大型宴会出品统筹协调能力;具有熟练的宴会服务技能;跟进宴会结账,核对款项进度。

表 2-17　宴会统筹工作任务与职业能力分析表

类型	任务以及能力类别	任务及能力要求	普适度	要求指数
工作任务要求	宴会管理	熟悉宴会服务流程,并与各相关部门保持良好的沟通	23.68%	—
		负责宴会厅卫生检查,落实餐厅卫生标准的实施	18.42%	—
		按照宴会订单要求进行现场布置	16.69%	—
		协助宴会厅厨房的正常运作,与总厨联系以确保出品	5.26%	—
	客户服务	掌握咖啡、酒水知识为宾客提供规范化,标准化的服务	18.78%	—
		建立客户档案,收集客户信息反馈,完成客户销售拜访	16.45%	—
		负责客户宴会预订及后期实施	15.79%	—
		向顾客介绍和推销本餐厅饮品及特色菜点	15.26%	—
		接待酒店宴会中心、宴席订餐来店客户,促成成交	13.16%	—
	员工管理	定期开展宴会部服务礼仪和技能的培训并进行考核	12.36%	—
		领导宴会部员工,认真完成各项宴会接待任务	9.87%	—
		根据预订情况合理安排员工排班,保证工作合理有序开展	9.33%	—
	成本管理	控制厨房设施设备及厨具厨杂的成本、减少损耗	12.83%	—
		控制食品成本、负责食品原材料采购订货、验收等工作	9.63%	—
		控制人力成本、负责合理安排厨房人员工作	8.69%	—
	其他工作	跟进宴会结账,核对款项进度	36.84%	—
		负责制定、修订宴会厅的工作程序和标准	18.22%	—
		根据主管安排处理现场突发事件,确保服务满意度	16.23%	—
		管理宴会厅内的设备、物资、用具等,做到账物相符	12.63%	—
	基础知识	熟悉电脑操作及基本办公软件的运用	35.26%	60.56
		熟悉高端餐饮的服务、管理、运营流程	21.05%	60.12
		熟悉宴会的餐厅布置、台面设计及服务规范	18.45%	48.36
		熟悉餐饮酒店宴会行业现状和发展趋势	18.42%	48.37
		良好的中英文沟通能力,能礼貌接待和应答客人	16.87%	48.41
		熟悉各餐厅的菜种、特色、规格标准和可接受预订的容量	14.56%	40.79

续表

类型	任务以及能力类别	任务及能力要求	普适度	要求指数
工作任务要求	宴会管理	具有熟练的宴会服务技能、热爱服务工作	17.43%	66.06
		熟悉酒店宴会管理知识、具备大型宴会出品统筹协调能力	15.79%	43.15
		熟悉酒店宴会销售、运营流程	13.49%	47.12
		熟悉宴会的各项规章制度、操作程序和工作标准	11.58%	41.77
		掌握宴会服务的标准和要求	9.58%	63.39
		掌握餐厅服务的标准和要求	8.69%	42.08
	食品安全	掌握酒水、食品、烹饪知识	15.79%	65.12
		具备食品安全管理技能	12.56%	58.43
		具有良好的食物原料及食品营养知识	12.35%	42.58
		掌握HACCP危害分析及在厨房实际应用中的流程	9.56%	40.35
	其他	掌握厨房设备的功能、熟练执行4D厨房管理流程	12.47%	41.89
		具有营销学的知识储备	11.88%	55.36
		具有酒店管理学的知识储备	8.69%	39.48
		具有旅游心理学的知识储备	7.41%	32.15
	市场营销	掌握市场动态，收集信息，能提出拓展客源的设想和方案	28.43%	41.58
		具有餐饮管理、市场营销学等方面知识	20.24%	38.45
		有一定的项目风险把控能力与全局思维能力	12.74%	40.58
		具备制订一体化解决方案并向客户展示方案价值的能力	10.12%	35.46
	综合素质	具有较强的应变能力和执行力	36.63%	40.35
		具有较强的口头表达和书写能力	32.63%	69.33
		具备一定的项目执行能力、活动组织协调能力	22.45%	40.12
		具有较强的商务沟通技巧和较强的资源协调能力	20.15%	41.45
		具有优秀的对客服务意识和解决客户投诉的能力	17.89%	45.16
		具有良好的团队意识、销售意识	15.26%	32.17

（十）酒店销售代表/经理工作任务与职业能力分析

酒店销售代表/经理作为酒店销售人员，需要具备战略制定、酒店营销、酒店销售、客户接待、客户反馈记录的能力，具有市场调查和预测能力，能及时掌握市场动态，并能综合分析；制定开拓市场销售战略和促销计划；负责酒店促销计划的执行和对外宣传；开发挖掘潜在客户、维护协议客户；负责OTA网站运营、策划、管理，开发各种网络渠道；拥有综合的酒店销售技巧；汇报市场信息，包括本市场状况、竞争对手情况、客户反馈意见等。

表2-18 酒店销售代表/经理工作任务与职业能力分析表

类型	任务以及能力类别	任务及能力要求	普适度	要求指数
工作任务要求	销售	根据全国区域市场发展和公司的战略规划，完成公司制定的总体销售战略、销售计划及量化销售目标	37.96%	—
		经常走访客户，征求客户意见，分析销售动态，根据市场变化提出改进方案，把握酒店的营销政策，提高酒店平均房价和市场占有率	29.92%	—
		根据具体工作情况与重心，制定并及时调整各种销售策略	26.47%	—
		评估销售业绩，建设销售团队	21.01%	—
		管理维护客户关系以及客户间的长期战略合作计划	16.35%	—
	信息记录	征询客户意见，及时将宾客意见反馈给酒店有关部门	29.76%	—
		汇报市场信息，包括本市场状况、竞争对手情况、客户反馈意见等	27.38%	—
		记录每月的销售活动或其他相关活动	20.55%	—
		负责客户信息的整理、汇总及录入工作	16.35%	—
	接待宣传	负责酒店促销计划的执行和对外宣传	25.29%	—
		协调安排自己所辖客户在酒店的大型活动的接待工作	21.09%	—
		负责接待区外销售代表所引荐的客户，做好酒店推销	18.84%	—
		能够独立对公寓产品进行有效的演示	15.64%	—
	其他工作	完成总经理分配的其他工作	29.71%	—
		撰写客户调研报告及客户投诉解决方案	20.01%	—
		年度销售预算制定与分解	17.68%	—
	销售	拥有综合的销售技巧	37.78%	81.23
		了解开发、挖掘潜在客户、维护协议客户	29.27%	76.64
		有能力开拓新市场，发展新客户，扩大产品销售范围	24.27%	62.56
		能组建销售队伍，培训销售人员	21.05%	56.25
		具有一定的销售能力并代表酒店参加销售活动	20.20%	62.77
		熟悉酒店网络销售	19.08%	35.92

续表

类型	任务以及能力类别	任务及能力要求	普适度	要求指数
工作能力要求	营销	熟悉公关营销部的业务，能协调各岗位的工作	27.62%	85.01
		能负责OTA网站运营、策划、管理，制订产品的推广计划，整合酒店各方面资源，通过开发各种网络渠道，完成公司制定的业绩指标	24.19%	38.00
		能通过销售画像，对分店客源结构进行分析，找出高收益的客源	17.16%	17.14
	战略制定	负责收集、整理国内外旅游市场动态的资料，并根据对外销售过程得到的反馈，向酒店决策层提供市场调研分析报告，并及时修订销售策略	35.95%	69.75
		制定开拓市场销售战略和相关促销计划	27.69%	73.92
		具有市场调查和预测能力，能及时掌握市场动态，并能综合分析，及时地提出相应的措施和合理的建议	21.44%	60.06
		掌握如何维护客户关系以及保持与客户间的长期合作	19.90%	72.28
	公关	具有一定的公关和社交能力	28.63%	23.94
		有从事酒店前台、销售、公关等部门的工作经历	23.46%	16.11
		熟悉公关营销部的业务，能协调各岗位的工作	16.99%	12.99
	综合素质	有强烈的事业心，责任感，有销售团队带领经验	39.22%	65.73
		有团队合作精神、吃苦耐劳、表达能力、沟通能力、谈判能力强	35.05%	87.92
		熟练使用Office办公软件	32.55%	81.76
		具备优秀的沟通能力和较强的学习能力	28.55%	77.59
		性格外向，自信，富有感染力	25.34%	83.27
		具有团队精神，能够配合各部门进行工作	21.48%	70.02
		待人热情、友善，有礼貌，性格外向、机警灵活、工作勤奋	18.27%	56.48
	其他	服从上级安排的各项指标任务	32.51%	70.83
		能处理商务客户日常的订房及订餐	28.27%	52.15
		能做好大客户、VIP客人的接待工作	25.19%	20.74
		根据不同的协议公司需求，制定所需的协议合同文本	21.20%	35.19
		有扎实的市场营销的法律法规知识	16.09%	12.82
		能协助负责酒店会议、团队业务的洽谈及接待，对外促销酒店客房、餐饮、各项配套设施及各项服务	13.91%	27.09

三、全国酒店管理与数字化运营专业目标岗位需求调研小结

项目组根据大数据分析中统计所得到的全国酒店管理与数字化运营专业目标岗位的需求总量,截至 2021 年 12 月底,大数据分析结果显示,全国目前酒店管理与数字化运营专业目标岗位的招聘职位需求量达 29 万人,广东省职位需求量达 5 万人,广东省人才需求约占全国的 18%。现就调研总结如下:

第一,根据前文住宿餐饮产业链分布情况、住宿餐饮产业关联 TOP60 岗位和专业人才任务能力分析,我们可以将酒店管理与数字化运营专业目标岗位归为五类别:第一种:接待服务类,包括酒店前厅接待、餐厅服务、客房服务、调饮师等岗位;第二种:房务/民宿管理类,包括民宿店长、客房经理、酒店前厅经理、酒店预订经理等岗位;第三种:餐饮管理类,包括餐厅经理和宴会统筹等岗位;第四种:营销收益类,包括数字营销专员、酒店会员营销经理、酒店销售代表/经理、酒店收益专员/经理等岗位;第五种:其他类,包括文员等支持性岗位、采购、财务相关岗位。

第二,从前文关于上述岗位学历、经验等要求可以看出,上述岗位对大专生来说还是比较匹配的。各院校可以根据所处的区域经济情况,学校的优势、生源特点等因素选择专业所面向的具体岗位。

第三,随着我国社会经济的发展变化,职业发展呈现出既不断细分又高度综合的趋势,职业跨界日趋明显,行业对于酒店管理与数字化运营专业岗位的能力、素质需求走向复合。从人才任务能力分析结果可知,酒店管理与数字化运营专业不同岗位的人才需要具备的通用专业技能有文字功底、外语和熟练运用办公软件等能力。其中在酒店管理与数字化运营专业中,管理类岗位还需要具备战略制定、酒店/民宿运营、数据分析、人员管理能力,营销类岗位还需要具备活动策划、营销策略、新媒体运营推广、用户管理、会员管理、数据分析的能力,销售类岗位还需要具备战略制定、酒店销售、客户接待、客户反馈记录的能力。

第四,职业素养是支撑毕业生在行业长久发展的重要因素,从人才任务能力分析结果可知,酒店管理与数字化运营专业的企业同样十分看重学生的职业

素养。在社会能力中，企业最看重的是团队协作、沟通能力和信息保密；在方法能力中，企业最看重的是自主学习能力；在职业意识中，企业最看重的是安全意识和吃苦耐劳。所以学校不仅要注重培养学生在技术技能方面的硬实力，同时也要注重、综合培养学生的团队协作、沟通交流、自主学习、吃苦耐劳等软实力。

总之，酒店住宿餐饮产业在不断与时俱进地发展，呈现绿色化、数字化、多业态化趋势。对专业技能人才的培养也提出了新挑战。学校需要适时更新人才培养方案以及更新相关课程体系来适应住宿餐饮产业的发展。在进行住宿餐饮产业岗位培养时需要以问题和目标为导向，面向粤港澳大湾区的行业重点产业，紧密对接住宿餐饮产业的营销服务领域，餐饮服务领域和住宿服务领域，实现人才培养供给侧和产业需求侧结构要点全方位融合。

第三章
高职酒店数字化人才培养探索

第一节　高职酒店数字化人才培养探索历程

广州番禺职业技术学院酒店管理专业创办于 1993 年，2006 年立项为国家首批示范性重点建设专业。学院酒店管理专业一直探索高职酒管校企合作人才培养。在 2007 年开创"从服务到管理渐进，全程工学交替"的人才培养模式，随后又经历了"中高衔接""复合型、创新型""岗课赛证融通"的人才培养；一直到现在的"岗课赛证创融通 2+0.5+0.5"高职酒店数字化人才培养探索，一共经历了五个阶段。

阶段一："服务管理渐进、全程工学交替"人才培养模式的实践与探索（2002-2009）

2002 年 7 月根据对珠江三角洲地区酒店业对人才的需求分析，学院将酒店管理专业改为两年制试点专业。2006 年 4 月专业被评为广州市高职高专教育示范性专业，同年 12 月该专业又被教育部评为 2006 年度中央财政支持的"国家示范性高等职业院校重点专业建设项目"。项目实施以来，专业立足于服务地方酒店业发展及企业需求，借鉴国内外先进的职业教育理念，根据酒店行业特点及对人才的需求，采取"服务管理渐进、全程工学交替"的人才培养模式。所谓"服务管理渐进"是指本专业课程体系中专业课程的设置，遵循从"服务员→领班（主管）→部门经理"的职业成长及认知规律；所谓"全程工学交替"是指从入学到就业，校内学习与校外企业顶岗交替进行。第一、第二学期的周末和寒假分期分批集中安排学生到各种类型的酒店及餐饮企业顶岗，第三学期集中安排一个月的顶岗，第四学期和寒假期间集中安排半年的顶岗实习。经过多年的改革与完善，已初步形成了一个较完善的两年制高职酒店管理专业"服务管理渐进、全程工学交替"的人才培养模式。其主要内涵如下：

（一）以职业生涯发展为依据，明确专业定位

珠江三角洲是全国酒店最密集的地区，酒店业已成为广东旅游业的支柱产业之一。珠三角丰富的酒店资源以及对专业人才迫切的需求，为酒店管理专业的建设提供了重要保障。根据我们对广州数十家酒店的岗位设置与岗位群人才需求状况的调查，高星级酒店的岗位职级一般设有八级岗位（按由低到高排列）：服务员、领班、主管、部门副经理（经理助理）、部门经理、部门总监、执行总经理（副总经理）和总经理。其中，领班和主管属于饭店基层督导管理人员，部门副经理（经理助理）和部门经理属于饭店中层管理人员，部门总监、执行总经理（副总经理）和总经理属于饭店高层管理人员。在对目前酒店员工队伍中最需充实哪一层次的管理人员调查中，4/5 的酒店选择了基层管理人员（主管、领班）；近一半的酒店选择了中层管理人员（部门副经理、部门经理）。在对旅游高职院校毕业生需要经过多长时间的工作实践锻炼才能胜任不同管理岗位的调查中发现：基层管理人员需要 2~3 年，中层管理人员需要 4~5 年，高层管理人员需要 10 年以上。

综合以上调研结果，我们确定两年制酒店管理专业的人才培养目标为：面向现代酒店、餐饮企业、康乐企业等领域服务和管理第一线，培养具有良好职业道德，具备高星级酒店前厅、餐饮、客房、康乐、会展等部门服务与督导等专业能力，能进行服务流程设计、服务标准制定、酒店市场开发与产品推广，具备职业可持续发展能力，拥有"一技之长＋综合素质"的基层管理人才。毕业生的就业岗位、就业范围如表 3-1 所示。

表 3-1 职业岗位、就业范围和工作任务对应表

职业岗位	就业范围	主要工作任务
服务人员	酒店、餐饮企业、康乐企业	前厅接待、客房服务、餐饮服务、康乐服务
服务师（调酒师，茶艺师）	酒店、酒吧、茶艺馆	酒水饮料的调制，六大茶类的冲泡
业务部门领班、主管	酒店、餐饮企业、康乐企业	员工排班与考勤、组织例会、服务流程与标准制定、服务质量监控、顾客投诉处理、员工业务培训

续表

职业岗位	就业范围	主要工作任务
会展协调专员	酒店	会议、展览、宴会的策划与实施
销售代表	餐饮企业	企业宣传、市场开发、产品推广

（二）以工作过程导向和学生可持续发展为依据，构建课程体系

高素质技能型人才培养，要求构建以职业能力培养为主线的专业课程体系和关注学生全面发展与可持续发展的基础课程体系。

1. 以工作过程为导向设计专业学习领域课程

本专业借鉴德国基于工作过程导向的课程开发方法，与企业合作对专业主要就业岗位进行典型工作任务分析，总结归纳职业行动领域，再转化配置学习领域，课程排序遵从"服务员→领班（主管）→部门经理"的职业成长及认知规律，实践教学持续贯穿、阶段深化。如表3-2所示。

表3-2 以工作过程为导向的专业学习领域课程

序号	学习领域课程名称	主要就业岗位	主线	职业能力培养目标
13	酒店顶岗实习（三）	部门经理、副经理	职业能力培养（顶岗实习持续贯穿、阶段深化）	第三层面：熟悉整个酒店的运作
12	酒店餐饮管理			
11	酒店前厅与客房管理			
10	酒店会展策划与实施	会展协调专员		第二层面：熟悉酒店一个部门的运作
9	酒店市场开发与公关宣传	销售代表		
8	酒店顶岗实习（二）	领班主管		
7	酒店基层督导业务			
6	茶艺与茶馆管理	一线服务师		
5	调酒与酒吧管理			
4	酒店顶岗实习（一）	一线服务员		第一层面：熟悉酒店业务部门的岗位服务技能
3	酒店康乐服务			
2	酒店餐饮服务			
1	酒店前厅与客房服务			

2. 以促进学生可持续发展为目的设计基础课程

一个合格的毕业生既是高技能从业者,又是合格的社会公民。为促进学生的全面发展和可持续发展,本专业积极探索和构建与专业课程相融合的基础课程体系。包括:教育部和省教育厅要求的思想政治课程;反映全球共识、培养适应现代社会要求的交流、信息和计算机基本能力,服务后续专业的职业发展素质课程;培养学生通用管理能力的旅游管理大类专业基础课程;基于职业发展的大学生素质拓展计划的第二课堂。如表3-3所示。

表3-3 以促进学生全面发展的基础课程

课程类型	课程名称	主线	课程内容
思想政治素质（必修）	思想修养与法律基础	服务专业与促进学生可持续发展	高职毕业生必修的素质教育课程
	毛泽东思想和中国特色社会主义理论体系统概论		
	形势与政策		
	廉洁修身		
	军训（含军事理论）		
	公益劳动		
职业发展素质（必修）	计算机应用基础		全球共识性课程。培养适应现代社会要求的交流、信息和计算机基本能力、服务后续专业课程
	应用文写作		
	职业规划与就业指导		
	大学生健康教育		
	体育		
职业通用能力（必修）	旅游与酒店业通论		旅游管理大类专业基础课程。培养学生的通用管理能力,服务后续专业课程
	酒店英语		
	管理学基础		
	会计基础与财务基础		
	消费心理学		
第二课堂（选修）	党团"固本强基工程"		基于职业发展的大学生素质拓展计划
	大学生文明修身工程		
	青年志愿者活动		
	旅游协会等学生社团		

续表

课程类型	课程名称	主线	课程内容
第二课堂（选修）	"三下乡"社会实践	服务专业与促进学生可持续发展	基于职业发展的大学生素质拓展计划
	创业实践活动		
	技能竞赛		
	行业会展实践活动		

（三）以满足课程教学要求为依据，整体规划校内外实训基地的建设

校内实训基地建设注重强化校内生产性实训。为了满足本专业课程体系中专业课程的教学要求，在原有实训室的基础上，根据高技能人才培养的需要，探索在校内生产性实训室按照酒店经营管理的全过程安排学生在各岗位顶岗实践，以解决目前高职生在酒店顶岗实习"岗位单一、轮岗困难、岗位以基层服务为主"的问题。学院从合作酒店引进1名餐饮职业经理人担任中西餐厅实训室建设的负责人，全面负责餐厅的设计、设备采购、装修、经营管理和服务技能课程的教学。结合课程"前厅与客房服务""前厅与客房管理"的建设，改造现有青年旅馆的设施设备，安排学生在青年旅馆各岗位顶岗；结合课程"餐饮服务""酒店餐饮管理""调酒与酒吧管理"的建设，新建经营性的颂雅园餐厅（含中餐、西餐、酒吧），安排学生在餐厅各岗位顶岗，学生参与产品的生产、销售、成本核算、市场推广、对客服务等。在青年旅馆和颂雅园餐厅以职业技能鉴定为参照强化技能训练，使学生在前厅服务、客房服务、餐饮服务、酒吧服务、茶艺服务等方面达到中级以上服务员水平。在校内生产性实训室引入企业文化建设，按照职业标准和现代企业管理要求，营造培养学生职业道德和职业素养的环境。建立并完善校内实训基地的运行机制，制定了青年旅馆和颂雅园餐厅学生顶岗实习管理各项规章制度，使校内学生顶岗实习管理逐步规范化。

校外实训基地建设注重强化企业育人功能。根据"酒店顶岗实习"课程教学的需要，本专业科学有效地选择校外实训基地，布点合理，功能明确，并积极引导实训基地强化育人功能，为课程的实践教学提供真实的工作环境，满足学生了解企业实际、体验企业文化的需要。如在选择本专业的校外实训基地时主要考虑以下四方面的因素：第一，实训基地的地理位置与便利性；第二，实训基地的类型、档次与规模；第三，实训基地的客源构成与经营管理水平；第四，实训基地对实习生的管理与教育水平。本专业选择了本地区1家白金五星级酒店（商务型）、1家国际品牌饭店集团下属的豪华酒店（商务型）、3家本土单体五星级酒店（休闲度假会议型）、2家四星级酒店、2家品牌餐饮连锁企业，满足了两个班80名学生"酒店顶岗实习"的需要。不同经营方式的酒店可以让专业教师和学生比较、体会不同的管理模式与理念，接触不同的酒店业务标准。两年的学习可保证每个学生在校期间的行业工作经验达到800小时以上，保证每个学生毕业时能获得三家以上五星级酒店的实习工作证明。

（四）以实现人才培养目标为目的，建设"双师结构"专业教学团队

本专业注重教学团队建设，走引进与培养相结合、专职与兼职相结合、院校深造和企业实际工作相结合之路，建设一支素质优良，年龄、专业、学历结构合理，理论知识和技能水平并重，能适应专业发展需要的"双师结构"专业教学团队。校内专任教师的培养，注重教育理论的培训、专业和课程开发能力的提高。校外兼职教师的培养则根据专业建设需要和酒店业特点从行业、企业聘请兼职专业带头人和骨干教师共计16人，充分利用企业资源为优化人才培养方案、实施课程改革奠定了基础。校外兼职教师全程参与酒店管理专业的教学活动，主要包括入学专业教育、编制课程标准、服务技能课程教学、精品课程建设、开发酒店管理专题系列讲座、指导学生顶岗实习等。通过多途径、多元化的培训，极大地提升了校内专任教师和企业兼职教师的业务水平与培训能力。

（五）以优质课程建设为基础，为学生的自主学习搭建平台

专业按照国家精品课程的评估指标体系，重点建设了四门具有工学结合特点的优质课程。这四门课程是餐饮管理、前厅客房服务与管理、调酒与酒吧管理、茶艺与茶馆管理，其中前两门课程为专业核心课程，后两门为中级调酒

师、中级茶艺师考证课程。四门课程均与企业密切合作建有相应的网络课程平台，餐饮管理课程为 2008 国家级精品课程，调酒与酒吧管理课程为 2008 省级精品课程，前厅客房服务与管理、茶艺与茶馆管理课程为 2008 院级精品课程。近三年酒店管理专业教师主编并出版了《酒店餐饮管理实务》《餐饮服务实训教程》《前厅服务实训教程》《茶艺服务实训教程》《酒水调制与酒吧服务实训教程》等教材，形成了优质的教学资源，支撑了该专业工学交替人才培养模式和课程体系改革。

（六）以建立柔性化的教学管理机制为途径，保障工学交替的顺利运行

项目建设期间，专业根据酒店业的经营规律，旺入淡出，积极改革并创新教学组织与管理，特别是顶岗实习，努力探索校企合作的长效机制，有效地提升了专业人才的培养质量。

1. 通过调整专业指导委员会，最大限度地发挥其指导作用

为了积极适应社会经济发展及高职教育形势的变化，本专业于 2007 年适时调整了酒店管理专业指导委员会的结构队伍，使之更完善、更合理、更有利于本专业教学的开展，其成员涵盖了酒店、餐饮企业、旅游局、酒店协会等各类单位共 10 余人，并定期召开委员会会议。专业指导委员会委员参与酒店管理专业人才培养方案的制定、课程标准的制定、新生入学教育和职业规划、指导学生顶岗实习、指导学生参与和专业密切相关的大型会展活动和学生就业等，从而形成了专业与行业之间良好的互动及交流、合作关系。

2. 通过"双向选择"招聘会，解决"学生—基地"对接问题

要发挥校外实习基地的教学功能，必须使学生建立起对企业教学功能的认知。企业愿意接受什么样的学生进入其内部岗位的实习，不同企业各有自己的要求。一方面企业希望把他们的意愿体现在人员选用的合作上；另一方面学生也希望对实习基地有一定的选择空间。所以本专业每年的广交会顶岗实习和毕业顶岗实习我们都会以召"双向选择"招聘会的形式，通过满足双方诉求的"双向选择"的基地进入模式，解决实习生与基地的对接。

3. 通过"三方协议"的签定，规定"学校—企业—学生"的角色职责

招聘会结束后，学校会与企业、学生三方签定协议，规定"学校—企业—学生"三方的职责与义务。企业要遵循"校—企—学"三方协议的条款，对实习生履行管理职责，配合学校的管理；学生一方面要以企业员工的身份严格要求自己，为企业树立良好的形象，赢得消费者的认可；另一方面牢记学生的身份，利用企业提供的岗位认真学习，接受"校、企"双重管理。

4. 通过校企合作制定顶岗实习课程标准，逐步实现校外基地教学化

本专业与合作酒店联合制定酒店顶岗实习课程标准，设计各个实习阶段的学习情境和学习目标。该课程分三阶段实施，具体如表3-4所示。在实习期间，学生利用企业的环境、企业的师资使职业技能得以提升，在服务中学习服务、学会服务，在接受企业管理中学习管理、领悟管理。酒店顶岗实习课程考核与评价内容包括两个方面，即实习成效考核和过程评价。实习成效主要考核岗位工作任务完成情况和实习成果，过程评价主要考核工作态度、职业规范、团队合作与人际交往，以及自我管理和调节能力等方面，主要采用观察、专业谈话与汇报等方式。

表3-4 酒店顶岗实习课程安排

课程名称	顶岗实习阶段	学习情境	课程性质	学分	学时
酒店顶岗实习	第一、二学期的双休日	职业教育训导	体验性顶岗实习	1	28
	第三学期的广州秋交会	专业技能训练	技术应用顶岗实习	3	84
	第四学期	岗位技能实习	预/就业顶岗实习	16	448
合 计				20	560

经过该阶段的探索，本专业形成的《两年制高职酒店管理专业工学结合人才培养模式构建与实践》成果，获得2009年广州市高等学校第七届市级教学成果高职类一等奖；本专业校内实训基地被评为2008年广州市属高等学校高职高专教育示范性实训基地。

阶段二：智慧酒店时代的酒店管理专业中，高职衔接的课程体系探索（2009—2015）

（一）中国酒店业发展态势及其对人才的要求

1. 经济"新常态"下中国酒店业的发展态势

从工业经济、资本经济到服务经济，中国正由投资导向的增长模式转向更持续、更高价值的消费驱动型增长模式。经济发展的"新常态"给酒店业的发展带来了新的格局变化。酒店业市场要通过变革和创新来应对新常态下的增长减缓、结构调整以及动力转变等局面，2010—2015年中国酒店集团的业务活动集中体现出以下特点：

（1）品牌并购、规模快速扩张

酒店行业无论是在线旅游市场还是酒店集团合并与收购事件贯穿始终，如携程和腾讯收购艺龙、万豪收购喜达屋、锦江国际与铂涛集团签订战略合作协议等，新常态下酒店业市场竞争也从原来主要为客源和产品的竞争扩展到资源、渠道、流量以及全服务链的竞争。企业集中度不断提高，酒店集团在国内的扩张速度高于国际酒店集团全球规模扩张速度。各集团纷纷在国内增加对三线、四线及四线以下城市的布局，使得三、四线城市的酒店数量明显增加；借助"一带一路"东风，加快海外投资布局成为国内众多酒店集团的拓展战略，如万达和海航集团等。为了实现本土品牌国际化，酒店集团也越来越重视国际化人才资源的培养。

（2）品牌价值提升，营销渠道日益丰富

酒店集团不断提升品牌价值，丰富品牌谱系，市场微细分态势初见端倪。酒店集团细分酒店类型和档次，其中，中高档酒店规模快速增长，中端精品酒店成为投资热点，新三板挂牌上市成为酒店行业新的融资渠道，而占比最大的经济型酒店的竞争仍最为激烈。随着互联网的迅速发展，酒店集团在市场营销方面，加强支撑平台如中央预定系统的搭建，充分利用线上线下的直销、分销、新型分销渠道，提高客房预订率。微信预订作为一种新型分销渠道，进一步丰富了酒店营销手段。越来越多的酒店告别经验主义时代，利用顾客在酒店官网、社交媒体、搜索引擎等平台上留下的偏好数据，把脉顾客的需求点，因地制宜设计产品，超出顾客期望，成为酒店新的核心竞争力。

旅游业快速增长，已成为大众创业、万众创新的舞台。政府实施旅游消费促进和投资促进计划，深入推进全域旅游和"旅游+"行动，与"互联网+"相结合，在促进旅游中实现一、二、三产业融合发展，以旅游业的升级换代促进国民经济的提质增效。因此，中国酒店业已迎来一个集创新型服务、数字化、网络化、智能化于一体的智慧酒店时代。

2. 智慧酒店时代酒店业对人才的要求

科技改变世界，体验经济对酒店业提出了更高的要求，所有基于信息不对称的服务产品和服务过程都将被互联网和大数据彻底改变，促使酒店业从技术到产品及服务全方位创新与变革。智慧酒店拥有完善的智能化体系，通过数字化与网络化实现酒店数字信息化服务。国家旅游局于 2015 年启动的中国酒店业产业指数项目，为提升酒店智慧提供全方位解决方案，通过技术手段实现酒店管理与服务的智能化。智慧酒店的建设在我国已成为一种趋势。与传统酒店相比，智慧酒店的酒店资源、网络资源与社会资源互通，酒店管理垂直化得以实现；酒店产品设计能兼顾顾客个性化需求；智慧酒店的信息系统，使得酒店和顾客、供应商、合作伙伴之间的沟通方式日趋多样化；智能化在酒店越来越得到体现，如自助 Check-in、APP 开门、机器人服务员、场景控制等都成为了智慧酒店的创新尝试。

从智慧酒店的数据流、信息流、智能化、人性化等特征可以看出，旅游酒店业具有整体性和综合服务性的特点，旅游酒店业与各行业、各部门的联系越来越紧密，对酒店一线管理人才的要求也越来越高。目前旅游酒店业最需要的不仅仅是某一部门的专才，需要更多的是集管理知识、实践、外语、信息技术应用等能力于一身的复合型、创新型人才。酒店管理专业应根据酒店业发展趋势，科学制订人才培养方案，完善课程体系，加强课程建设，提高人才培养质量，适应智慧酒店的发展要求。

（二）适应智慧酒店发展的酒店管理专业，中高职衔接的课程体系探索

为完善中职学校毕业生毕业后升入高职的学习制度，拓宽中职学生继续深造的渠道，构建现代职业教育体系，广东省教育厅于 2009 年启动"中高职三二分段"试点工作。2013 年广州番禺职业技术学院开始与广州市旅游商务职业学校合作自主招收（3+2）酒店管理专业学生，前三年在广州市旅游商务职业学校学习，在第五学期要经过广州番职院组织的三二转段考试，合格者后两年进入广州番禺职业技术学院学习。为此两校积极开展密切合作，深入研究两校在人才培养目标、就业面向、课程开设、实训条件、合作企业资源、师资队伍等方面的差异性和互补性等，找到合作的基础和衔接点。根据智慧酒店对人才的要求，在人才培养中坚持以人为本的原则，将学生的自由与全面发展作为实施中高职衔接实践活动的立足点，基于工作过程导向和终身学习理念开发专业课程体系，基于智慧酒店的新要求，改革课程教学内容，把职业素养的培养与个性化教育有机融合到各类课堂教学中。两校教师通过研讨，共同制定相互衔接的课程标准、教学内容、教学实施的校内实训条件，这样既可避免中、高职课程内容的重复，又有利于培养学生的职业认同感、服务意识和综合职业能力，为实现中、高职教育的有效衔接提供理论依据。

1. 根据工作过程导向和终身学习理念构建课程体系

课程体系的构建是基于工作过程导向和终身学习理念。高职酒店管理专业人才培养目标定位是培养酒店管理中基层管理人员，是毕业生毕业后工作 3 年可普遍达到的就业岗位，课程体系结构包括：基本素质必修课、职业通用能力、职业专门能力、职业综合实践能力、职业拓展能力课等 5 个课程模块（见表 3-5）。

表 3-5　酒店管理专业中高职衔接课程体系

模块名称	中职（3年）课程	高职（2年）课程
基本素质必修课	职业生涯规划、职业道德与法律、经济政治与社会、哲学与人生、语文、数学、英语、计算机应用基础、体育与健康、公共艺术、历史	毛泽东思想和中国特色社会主义理论体系概论、形势与政策、职业规划与就业指导、大学生心理健康教育、军训、体育、公益劳动、高职英语、办公自动化实操、应用文写作
职业通用能力课	酒店概论、酒店礼仪、酒店服务心理学、食品营养与卫生、酒店财务基础、酒店专业英语	管理基础与实务、连锁经营管理实务、酒店财务管理、酒店实用英语
职业专门能力课	前厅服务与管理、客房服务与管理、餐饮服务与管理、酒店产品营销	酒店营销与公关、酒店基层督导业务、酒店信息管理系统应用、餐饮经营与管理、调酒与酒吧运营
职业综合实践能力课	综合实训、顶岗实习	美酒节综合实训、酒店ERP沙盘模拟实训、顶岗实习与毕业调研
职业拓展能力课	茶艺、插花、调酒、咖啡制作、烹调基础知识、酒店康乐服务、酒店工程与安全、酒店服务活动策划	茶艺与茶馆运营、酒店文化建设与实施、酒店会展策划与实施、酒店管理专题讲座、旅游电子商务、酒店网络营销

基本素质必修课程和职业通用能力课程模块的教学，主要培养学生从事酒店、餐饮企业、旅游景区、旅行社等旅游大类职业活动所需具有的主要职业知识通用能力；职业专门能力课程模块主要培养学生在酒店、餐饮等企业有关岗位工作需具备的职业专门能力；职业综合实践能力课程模块，通过在校内生产性实训室和校企合作单位进行顶岗实习，培养学生综合运用所学知识、技能，在工作中发现问题、解决问题的能力；职业拓展能力课程模块，主要培养学生在职业专门能力的基础上进一步深入、全面发展的能力。

职业专门能力课程模块中课程的开发，借鉴德国职业教育课程开发基于工作过程导向的理念，将酒店企业生产、经营、管理、服务的工作过程作为课程开发的核心，整合两校原有课程资源，通过与行业、企业专家合作，重新分析智慧酒店一线服务员、领班（主管）、部门经理的典型工作任务，把典型工作任务或工作项目作为课程内容，与职业资格标准对接。课程教学过程中，全班学生分成数个工作小组（也可学生个人独立完成），在教师的指导下，完成收集信息、制订计划、实施任务、评价成果等完整的工作过程，通过完成实际的工作任务（项目）形成酒店管理职业能力。职业专门能力课程模块的设计和实施遵循"服务员→领班（主管）→部门经理"的职业成长及认知规律，实践教学持续贯穿、阶段深化。根据中、高职阶段承接与延续的关系，分段完成技能训练，完成职业技能培训。在中职阶段，技能训练的内容主要侧重于酒店与餐饮业基本服务技能和服务意识及标准化意识的培养；在高职阶段，技能训练的内容主要侧重于酒店与餐饮企业综合运营能力的训练、发现及解决复杂问题能力和创新能力的培养。

基本素质必修课程和职业通用能力课程的开发是基于终身学习理念，尊重受教育者的生命发展特征、主要培养学生的综合素质，包括思想政治素质、职业素质、人文素养与科学素质、身心素质的培养，为学生的全面发展与终身发展建立良好的平台。基本素质必修课程和职业通用能力课程模块中，合理安排中、高职层次的知识点，以适应学生渐进性学习和终身学习的需要，在中职阶段注重基础素质教育，到高职阶段则注重学生知识、技能和职业素养全面培养，为学生可持续发展打下基础。

2. 针对智慧酒店的新要求改革课程教学内容

智慧酒店需要的人才是掌握酒店管理知识，同时又具备信息技术应用能力的新型人才。在课程教学内容改革上，以信息技术应用为核心的现代管理技术教育为酒店管理专业课程建设的重要抓手，实现中高职课程内容衔接的连续性、逻辑性和整合性。如，①在中职阶段开设"计算机应用基础"课程的基础上，高职开设"办公自动化实操"课程，使学生了解计算机在办公自动化领域中的相关知识，掌握办公软件的使用，培养学生使用常用办公软件进行日常办公事务处理、数据处理、信息管理的综合能力，提高学生的就业竞争力。②建设酒店与旅游信息管理实训室，引进 Opera PMS 系统、泰能经济型酒店管理系统、食神餐饮管理系统、黑马旅行社管理系统等。其中 Opera PMS 系统能满足各种规模酒店以及酒店集团的不同需求，使用该系统，能快捷、高效地完成客户预定、入住退房、房间分配、房内设施管理、入住客户膳宿需求、账户账单管理等酒店日常工作，目前包括洲际、万豪、喜达屋在内的众多酒店集团都在使用该系统；其中食神餐饮管理系统是珠江三角洲上百家品牌餐饮企业使用的管理系统。在中职开设"前厅服务与管理""客房服务与管理""餐饮服务与管理"课程的基础上，高职开设"酒店信息管理与应用"课程，力求强化学生酒店信息化系统的操作能力，开拓学生酒店电子商务视野，培养学生的信息化素养，提升服务技能。③在中职"酒店产品营销"课程的基础上，调整高职"酒店营销与公关"课程内容，增加"智慧酒店营销前沿"教学项目，培养学生能应用社会化媒体、移动通信、微电影、搜索引擎、微信等为酒店进行营销策划的能力。

3. 把职业素养的培养与个性化教育有机融合到各类课堂教学中

树立"立德树人、面向人人、终身教育"的现代职业教育理念，系统化地将职业教育与个性化教育相结合。消除传统职业教育模式偏重标准化、同一化弊端，重视个性化、创新型人才的培养，以习惯养成为主要载体的服务意识与职业素养的培养作为酒店管理专业学生成才的基本前提。充分利用校内外各种资源有目的、有计划、有组织、有步骤地开展习惯养成教育。以学生为中心，构建校、企、生共同参与的全程、全员、全方位协同育人模式，把职业素养的培养与个性化教育有机融合到第一课堂、第二课堂（校内课外活动）和第三课堂（企业顶岗实习与假期社会实践）中。

第一课堂以校内课堂教学为主，是指人才培养方案中所列出的课程，重在培养学生的专业知识和职业技能。鼓励教师积极探索针对中职学生的学习特点开展有效教学设计，灵活应用"小组合作""项目教学""角色扮演""案例教学""情境教学"等教学方法，构建符合课程特点和中职学生特点的教学模式，创设有利于学生个性发展的环境。在课堂教学中，要注意用理论知识支撑任务实施过程，体现出高职教育与中职教育的区别，反映出高职教育的高教性，给学生的继续发展打下基础。

第二课堂以校内课外活动为主，包括各类社团活动、技能竞赛、创新创业大赛、旅游文化艺术节、国际交流等素质拓展活动。重在提高学生综合素质、培养学生良好的职业行为习惯。发挥辅导员与导师的协同作用，梳理两校近几年开展的各类职业素养教育活动情况，针对在校生进行满意度问卷调查，针对酒店管理专业生源特点和行业要求，在中职的基础上设计以提升职业素养为目标和满足学生个性化发展需求的校内课外活动（第二课堂），二年（四个学期)主题活动的精细化安排。辅导员和导师要有针对性地帮助学生根据兴趣选择第二课堂的活动项目,尊重学生个体差异。成立学生发展指导中心,在进行职业能力倾向测试基础上,帮助学生挖掘潜能,找到自己最感兴趣和最适合的发展方向,同时提升校内社团活动的科学化、规范化、精细化管理水平。

第三课堂以校外酒店、餐饮企业顶岗实习和假期社会实践为主,重在培养学生爱岗敬业精神和团队合作精神。充分利用珠三角地区丰富的酒店资源,系统设计第三课堂(企业顶岗实习与假期社会实践)的活动,统计每个学生在中职阶段已实习过的酒店与部门、岗位,建立学生实习档案,关注每个学生在高职阶段顶岗实习的酒店与岗位衔接,让学生充分体验不同类型的酒店文化,在实习中发现自己的兴趣和适合的岗位。在第三课堂的教学中,学校和企业密切合作,充分发挥学生的主体作用,注重学生的个性发展,帮助学生完成"理论—实践—理论"的认识过程,学会运用所学知识解决实际问题,提升学生的综合职业能力。每年组织酒店管理专业的校企"双向选择、三方协议"专场招聘会,把毕业实习与优质就业结合起来,稳步提高学生的行业就业率。

在本阶段,专业联合对接中职,积极发挥两校各自的办学特色与文化优势,利用各自在培养学生职业素养和专业技能方面的经验,通过课程整合、两校师生的教学互动与合作,实现两校优质资源的充分利用与高效共享,逐步凝练和形成适应智慧酒店发展需求的、以提升职业素养为核心的中高职衔接的酒店管理专业学生个性化育人模式。

阶段三:新时代高职酒店管理专业复合型、创新型人才培养探索与实践(2016—2018)

酒店管理专业人才的培养离不开对国家政策与行业需求的充分理解,番禺职业技术学院酒店管理专业践行从行业出发培养人才。

(一)消费升级大背景下酒店行业发展空间巨大

1. 旅游行业规模大、前景好,是国家重点支持和鼓励的产业

酒店业的发展离不开对旅游业的观察与了解,作为旅游服务业三大支柱之一，酒店业正随着中国旅游服务业的发展开始升级转型，迈入新的发展期。从宏观层面来看，伴随着"供给侧改革"的实施，以及"一带一路"国家旅游战略的布局，经济结构继续朝着有利于旅游服务业和消费领域优化；与此同时，居民收入持续增长，人均可支配收入逐年增加，中产阶级队伍数量不断增加，旅游正在成为大众消费的"新常态"。

2. 消费升级带动旅游业整体态势发展良好，酒店市场整体业绩维持增长

人均 GDP 和城市化率这两个指标推动着今天中国消费不断升级。2019 年我国人均 GDP 突破 1 万美元大关，城镇化率 2019 年为 60.60%。国内中等收入群体成为酒店的消费主力。

文化和旅游部发布的 2019 年旅游市场基本情况显示，2019 年全年，国内旅游人数达 60.06 亿人次，比上年同期增长 8.4%；入境旅游人数 14531 万人次，比上年同期增长 2.9%；出境旅游人数达 15463 万人次，比上年增长 3.3%；全年实现旅游总收入 6.63 万亿元，同比增长 11.1%。数据显示，经核算，2019 年旅游业对 GDP 的综合贡献为 10.94 万亿元，占 GDP 总量的 11.05%。旅游直接就业 2825 万人，旅游直接和间接就业 7987 万人，占全国就业总人口的 10.31%。无疑，酒店业受益明显：国内酒店经营数据显示，酒店市场整体业绩维持增长。全国整体高端酒店业平均入住率和平均房价呈现上升态势。锦江、如家、华住三大饭店集团平均房价亦开始步入提升阶段，继而推动 RevPAR 持续增长。

（二）酒店行业的变化及趋势

我国 14 亿人口的消费市场在消费升级、国家各项利好旅游政策以及"八规六禁"发布这样的大背景下，酒店行业有着巨大的发展空间。另外，互联网和各项高尖科技的应用对传统行业经营也造成了巨大的冲击，酒店的宏观环境和消费需求也发生了较大的变化。

行业变化一：酒店市场格局及消费体验升级

从市场格局来说，政务市场极大压缩，商务市场无明显变化，生活方式酒店和其他类型的消费不断涌现。新增的这类消费人群开始注重旅游的体验，对吃、住和深度游的要求明显上升。比如首旅如家集团将旗下的如家经济型酒店升级为更合适、更时尚、更好玩的"如家.NEO";并发布了全新中端社交酒店品牌"YUNILHOTEL",将科技、活动与宾客联动起来,在酒店场景中打造充满魅力的"社交场":狼人杀、打碟、尬舞等活动应有尽有;在如家集团内部还增设了一个叫"HO"(Happy Organizer)的岗位,由一群身怀十八般武艺、懂服务、更爱玩的90后组成的快乐管家与玩伴,带领顾客参与和体验各种活动。

行业变化二:新业态涌现

在旅游住宿,随着爱彼迎、途家、榛果、路客等平台以及各类民知名民宿、公寓品牌的不断涌现,可供消费者选择的住宿类型越来越丰富。这些新型住宿类型中加入了文化、体验等附加元素,受到消费者的广泛欢迎。除了原来的星级饭店和经济型饭店外,这类民宿、房车、健康养老和其他有住宿功能的服务机构,构成了住宿业的新业态。

行业变化三:移动互联网、大数据应用与住宿业的持续融合

以智能手机为主要特征的互联网产品,在中国迅速普及,由此催生出了一批与饭店业密切相关联的互联网企业涌现,深深影响了消费者的购买及入住、支付体验;越来越多的酒店利用数字技术进行客户管理并依靠收集的大数据进行分析,从而进行更加精准的营销与更加贴心的客户服务。

行业变化四:人工智能在酒店业的广泛应用

人工智能技术的快速发展使智能设备能够胜任那些之前只有人类才能做的工作。机器人已经越来越多地出现在当今的酒店中,承担着送餐、自助Check-in、问询等工作,同时也能收集到各种各样的客服数据。这对于做着"例行"工作的员工会有些挑战,也促使酒店员工需要学习新的知识与技能。

行业变化五:酒店管理方面更加精细,注重坪效

随着环境的变化、竞争的加剧,不断攀升的客户期望,酒店的经营已不再是传统的硬件加软件。酒店人不仅仅要维护好硬件,做好服务,更重要的是要具备经营意识,注重精益管理,考虑坪效与最大化收益。

(三)酒店业人才的现状与需求分析

1. 酒店行业面临数量与质量两个方面的人才供需困境

国内旅游本科院校是 600 余所,旅游类的高职高专是 1000 多所,人力资源输送能力达到 13 万 / 年,数量庞大。但据《中国酒店人力资源调查报告(2017)》数据显示,80% 以上的酒店平均每年招聘管理培训生不到 3 人,其中三分之二的酒店管理培训生的保留率不足 50%,而对于管培生的岗位胜任能力,超过 60% 的酒店方认为其胜任率不足 50%;认为胜任率达到 80% 以上的酒店,占比仅为 30%。90 后作为酒店基层岗位的主力军,在酒店任职的状况更加糟糕,高达 81.9% 的离职员工在 25 岁以下,96.8% 的员工离职时在酒店工作时长不足 3 年。但随着众多新兴住宿业态的快速兴起,行业对人才的需求在数量上却是有所增加,这是供需数量上的矛盾。

在质量上,如前所述,中国酒店业正迎来大变革,行业竞争将从数量竞争向质量竞争转变,对人才的质量提出了新的要求。酒店人不仅要懂传统的酒店运营与管理知识和技能,更要懂市场,能了解新兴客户的需求,能够为客户提供专业的帮助。而《中国酒店人力资源调查报告(2017)》数据显示,高达 46.6% 的酒店认为酒店管理专业毕业生没有表现出明显的专业优势,甚至有 14.6% 的酒店认为没有表现出专业优势;岗位技能、服务意识和职业态度仍然是酒店培训中的主要内容,占比分别为 76.70%、89%;这一定程度上反映出高校人才培养的质量与行业实际需求有较大脱节,本该在学校期间造就的职业素养和职业技能,仍然还需要酒店通过培训的方式来解决。

2. 新形势下酒店对高职生的人才需求

(1)就业范围

广义住宿业:除了传统的高星级酒店、餐饮、会所、茶馆等企业,随着新业态的增加,民宿、邮轮、房车、养老等广义的住宿业也是高职生的就业去向。

全产业链就业:由于分工的专业化,酒店全产业链上各类服务酒店的企业也将是当今酒管毕业生的就业方向。比如说住宿产品分销企业(OTA 平台,非标住宿预订平台、诸如美团、大众点评等电商与团购平台）、诸如差旅通、有间房等移动端创新应用，以及诸如穷游、马蜂窝、猫途鹰等UGC平台以及各旅游类媒体。

目前国内为酒店提供产品或服务的行业主要来源于三个方面。第一，为酒店提供物资与服务的公司。即各类物资的供应商，如布草、清洁剂、餐具、酒具、食材、饮料等；各类为酒店提供服务的外包公司以及帮工公司；第二，为酒店提供客人渠道方面的公司或机构。例如OTA、旅行社、会议公司、各类移动端创新应用公司、新媒体服务公司、分销公司、住宿平台等。第三，为酒店提供人才的中介及培训的专业公司。这些公司为酒店提供产品与服务，必须熟悉酒店的需求，这也为高职酒店专业学生提供了一种新的就职方向或者创业机会。广州番职院对2015—2017届酒店专业毕业的学生（317人）初次就业情况统计分析显示：就业比例排第一的是传统住宿业达到了43.20%；就业排在第二、三的行业是餐饮业（10.09%）和商务服务业（9.46%）；零售业、软件信息服务业和房地产都各有4%的学生选择；同时在教育、服饰、金融、租赁、保险、旅游等行业都有学生选择。可以看出我校酒店专业毕业生就业已从传统的住宿业向酒店全产业链就业扩散。

（2）素质要求

第一，切切实实的服务意识、扎扎实实的服务技能以及专业的敏感性；这点在过去也不断提及，但离培养出行业切实需要的人才还有一段距离。

第二，跨界的知识与能力。如前文所述，消费升级带来的消费者体验的升级，给酒店从业人员带来了更多、更广的跨界要求。比如对信息技术与酒店服务都有一定认知的毕业生；比如懂服务和有良好审美的毕业生。中国旅游协会秘书长张润钢在题为"产业变革时代的酒店人才发展战略"的演讲中提到：新形势下酒店的竞争力居于核心地位的有两块，一块是以互联网为代表的技术层面的工作，一块是服务，即当今时代最符合消费者需求的服务。随着时间的推移，技术和服务这两块所占的比重将会继续提升，服务的改造和对技术的应用会继续深化，而其他要素的重要程度仍然会继续降低。这对酒店教育来说，在学校范围内整合不同专业的学生进行跨专业选修或许是一个方向。

第三，重视社会能力与方法能力的培养。结合前述酒店人力资源调查现状以及美国ETA职业胜任力模型（如图3-1所示），可以得出饭店经营管理的人员在知识经验上的要求是一个综合性的、复合型的知识和经验。而处于模型底座的是社会能力与方法能力，这两种能力决定了金字塔的牢固程度。

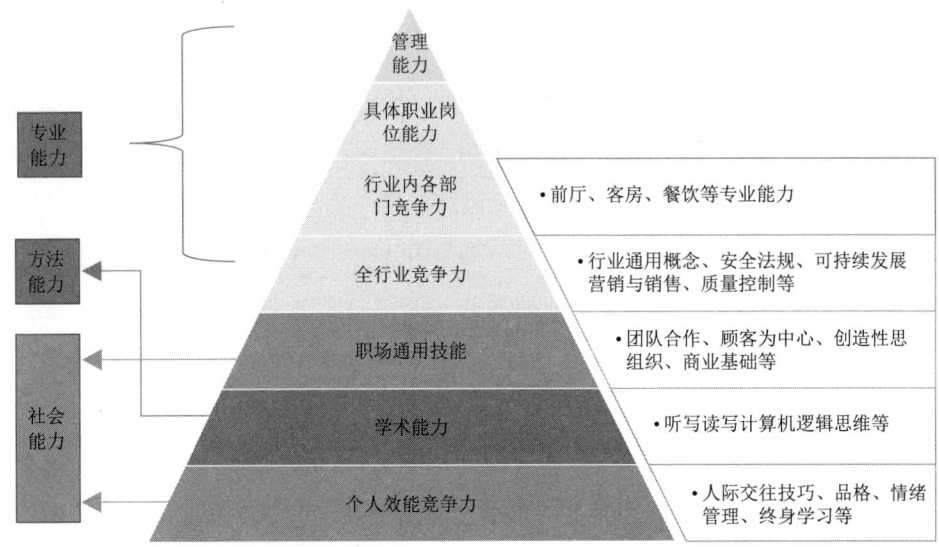

图3-1　美国ETA职业胜任力模型

第四，重视专业知识的深度。根据我们的调查，我们看到用人单位对于酒管毕业生的评价"高达46.6%的酒店认为酒店管理专业毕业生没有表现出明显的专业优势，甚至有14.6%的酒店认为没有表现出专业优势"，这也是为什么长期以来供需矛盾的一个重要原因。解决这个问题，可以在高职教学中根据学生的兴趣与特长来选择就某个内容深入学习，可以培养成精通的侍酒师，也可以是专业的茶艺师，还可以选择在某个专业方向，比如酒店营销、酒店餐饮等方面深入学习（在深度与方向方面高职生仍然有别于本科院校）而非点到即止。这样才能更符合行业的需要，从而增加酒管毕业生的专业认同，提升酒管毕业生的竞争力。

（四）探索复合型创新型人才培养体系，适应新时代酒店发展需要

1. 弘扬工匠精神，持续深入行业调研

专业带头人和骨干教师每年通过各种信息获取途径，持续跟踪酒店住宿业的新趋势、新理念、新举措、新技术以及引起的人才需求变化，动态调整人才培养目标。具体做法是：通过不断走访企业，了解品牌酒店各类型企业的人才岗位配置、人才结构、岗位能力需求等微观情况，明确在企业中中职、高职学生的典型工作岗位以及这些岗位对学生知识技能的要求；通过长期进行毕业生回访，了解人才培养方案中的缺陷，特别是在企业转型升级过程中、岗位变迁过程中，对员工能力和素质的新要求；持续跟踪分析每年毕业生初次就业单位和岗位以及一年后部分学生离职再就业的单位和岗位，归纳学生职业迁移的规律和特点；调研各酒店企业在经营中服务外包的类型、特点，调整专业核心课程内容。

2. 遵循四化原则，完善人才培养定位和课程体系

根据旅游住宿业对复合型、创新型人才的需求以及学生在酒店全产业链就业的调研，本着"培养目标复合化、学习内容专业化、岗位要求可适化、职业路径个性化"的思路来重新确定人才培养定位和课程体系。在酒店与旅游专业群的框架下优化课程结构，突出专业群平台课程和职业能力核心课程，把职业素养、工匠精神的培养与个性化教育有机融合到第一课堂、第二课堂（校内课外综合素质训练项目）和第三课堂（企业顶岗实习与假期社会实践）。

与原人才培养方案比较，改革后的课程体系具有以下特点：①新增"创新创业基础""团队素质拓展""酒店管理模拟沙盘实训""咖啡品鉴与制作""旅游电子商务""酒店收益管理"课程。②加大选修课的比例，满足学生多元发展需要。选修课包括职业能力拓展课、体育课、综合素质课外训练项目、综合素质全院公选课，学分由原来的12学分增加到22学分。③设置6个学分综合素质课外训练项目，切实发挥社团作为第二课堂的育人功能，强化学生个性优势。在专业导师和辅导员的指导下，学生可根据个人的兴趣、爱好、特长、需求等选择参加综合素质课外训练项目并通过考核要求来获得相应的学分。④学

生可借助学校提供的综合素质网络课程（200多门）学习平台，有效利用"碎片化"的学习时间在线学习网络课程，实现符合自身职业发展需要的个性化学习。

3. 完善课程内容，突出信息技术和经营管理能力训练

通过对中职酒店管理专业学生学情分析（在酒店实习过10个月，掌握了酒店的基本服务技能），高职阶段专业课程内容应突出信息技术应用和经营管理能力的训练。为此：①开设"酒店管理信息系统应用"与"旅游电子商务"课程，引进Opera PMS系统、泰能经济型酒店管理系统、食神餐饮管理系统、蓝豆客房管家、蓝豆住客服务管家等。力求培养学生的信息化素养，开拓学生酒店电子商务视野，提升服务技能。②新增"团队素质拓展"课程与"管理基础与实务"同步进行，通过户外活动、游戏等形式进行四个模块（融冰、沟通、协作、执行）的体验式学习，培养学生自信与互信、表达与沟通、协作与竞争、行动与执行等方面的职业能力，帮助学生树立自信、体验互助、感悟成长与感恩。③新增"酒店管理模拟沙盘实训"课程借助沙盘让学生扮演角色，体验各种酒店管理岗位，以岗位职责要求为指引完成各项工作任务，实现"教学做"一体化的教学模式，以此来培养管理意识，学习管理工具和方法，增强职业意识与职业技能。④校企合作引入"酒店收益管理"课程，让学生学会初步使用收益管理的产品调整、价格设计与管理、销售渠道优化等多个经营管理的新技术，提高经济型酒店、单体酒店的出租率、平均房价和收入，培养和提升酒店专业学生经营管理水平。

4. 构建酒店专业创新、创业课程群，助力学生创新、创业梦想

结合广州本地学生的特点，以非标准住宿业及餐饮娱乐业为方向，综合考虑酒店专业学生的专业优势，学生大多在中西式快餐店、现代茶饮店、咖啡馆、茶艺馆、礼仪公司、酒吧等兼职，按照"成长导向、内涵发展""兼顾创业、外延式拓展"的方针，将专业教育与创新创业教育融合为一，助力学生的创新创业，提升学生的职业生涯拓展能力及幸福生活创造能力，具体做法是：

结合学校创新创业教育的顶层设计，将本专业的创新创业基础、酒店市场

营销、茶艺与茶馆运营、咖啡品鉴与调制、葡萄酒品鉴与服务、餐饮经营与管理、美酒节综合实训、酒店管理模拟沙盘实训 8 门课程作为酒店专业创新创业课程群重点建设，系统培养学生的创新思维和创业意识。

将创新创业理念融入课程设计。如餐饮经营与管理课程围绕自主创业开店的过程设计成开店准备、定位选址、菜单设计、店铺设计、店铺运营、拓客营销、员工管理、成本控制、危机管理 9 个项目，学生分组模拟开店，最后完成一份开店商业计划书；专业的美酒节综合实训课程让学生从资金众筹、设计酒水单、原料采购、酒水调制、产品推广、成本核算，全程自主经营，自负盈亏，大大提升学生的创业能力。课程开设了 6 年，深受学生好评。

依托广州市高校创新创业教育"大学生茶事创课训练营"项目成立修·业茶苑工作室，以工作室为依托，以行业商会为背景，构建朋辈培育＋技能竞赛＋茶事实战＋创客派对四维一体训练营。开展茶道专场、国学论坛、健康讲座、教育培训、创客派对、线下认证、朋辈互动等活动，培养学生的创新创业能力。本专业向番禺区茶专委输送茶艺培训师合计 15 人次。协办番禺区茶艺师职业技能竞赛 2 届，社会反响热烈。

设立创新创业研习计划，对有意愿、有资源、有潜质的学生制订创新创业能力培养计划。本专业学生在挑战杯和创业大赛中共获得国家级奖项 1 项，省级 2 项，市级 1 项；参加行业企业举办的茶艺、咖啡、调酒等比赛中也屡屡获奖。利用专业所长，积极为区域经济发展服务，在珠三角地区尤其是番禺区承接大量会展与礼仪接待活动，学生所体现的专业素质服务意识、敬业精神得到高度赞扬。

在本阶段，专业经过多年的探索，复合型、创新型人才培养初见成效，在校学生综合职业能力显著提高，专业就业率、专业对口率、平均起薪线逐年提升，毕业生供不应求。社会声誉良好。2017 年 5 月 25 日，由教育部、保监会、广东省教育厅、广东保监局、广州市教育局专家共同组成的职业院校学生实习管理联合检查组，莅临广州富力君悦大酒店现场检查指导本专业学生实习管理情况，学生的实习表现以及校、企对实习生的管理得到专家的一致好评。根据 2018 广东省大学生就业在线系统统计和麦可思数据有限公司提供的广州番禺职业技术学院应届毕业生培养质量评价报告（2018），本校 2017 届就业现状满意度较高的专业是酒店管理（两年制）（86%），位全校第一；毕业生教学满意度达 97%；对母校满意度是 100%；毕业生对就业指导服务的总体满意度高达 93%。本专业研制的专业标准与课程标准初步解决了酒店管理专业在个性化育人、复合型创新型人才培养的一些难点，提升了专业人才培养质量。

阶段四："岗课证赛融通"酒店管理专业数字化人才培养模式探索与实践（2008—2021 年）

信息化、数字化的投入与建设是一个长期的过程，可专业从 2008 年开始将信息化素养纳入专业人才培养中，所以此阶段跨度较长，为 2008—2021 年。众所周知，传统酒店业具有资本密集、劳动密集的行业特征，但酒店运营管理领域同时也是信息密集型行业，对信息传播和信息技术有根本性的需求。2011 年，国家旅游局"十二五"规划指出"信息技术将会更加广泛地运用到旅游业发展的方方面面""以信息化为代表的科技进步以及现代商业模式的创新，将推动旅游业转型升级"，要"进一步发挥信息化为主体的现代科技、现代商业模式和专业人才产业转型升级战略中的作用"。随着社会经济发展以及我国旅游酒店业的数字化转型升级，酒店业的行业范畴、经营业态与模式等都发生了深刻变化，客观上要求所培养的人才具备数字化创新型思维。"深化产教融合、校企合作"一直是职业教育的难点，2017 年国务院颁布《关于深化产教融合的若干意见》（国办发〔2017〕95 号），将产教融合作为推动学科专业建设与产业转型升级的助推器、促进就业利器和人才红利的催化器。2021 年，教育部将高职酒店管理专业更名为"酒店管理与数字化运营"。

（一）国家相关政策

2011 年，国家旅游局发布《中国旅游业"十二五"发展规划纲要》，明确要"进一步发挥信息化为主体的现代科技、现代商业和专业人才在产业转型升级战略中的主导作用"，明确"以信息化为代表的科技进步以及现代商业模式的创新，将推动旅游业转型升级""推动旅游业信息化，大力发展旅游电子商务，推动资讯服务、网络营销、网络预订和网上支付等旅游业务的发展"。

国务院办公厅发布的《关于深化产教融合的若干意见》中指出："推动学科专业建设与产业转型升级相适应。建立紧密对接产业链、创新链的学科专业体系。大力发展新一代信息技术、数字创意、电子商务、服务外包等产业急需紧缺学科专业。积极支持文化、旅游等社会领域专业发展。"本专业从酒店管理专业新型人才培养目标角度出发，对接行业创新岗位和人才需求，将酒店管理专业和信息技术、数字创意和电子商务、服务外包进行结合，培养跨学科的、对接产业链和创新链的新型人才培养。

根据教育部等部门《关于进一步加强高校实践育人工作的若干意见》（教思政〔2012〕1号），本专业强化实践教学环节，改革实践教学方法，采用基于问题、基于项目、基于案例的教学方法和学习方法。支持学生在本项目实训室开展旅游数字营销领域的研究性学习、创新性实验、创业计划和创业模拟活动。

（二）行业需求

酒店业因人工智能、大数据、云计算等技术的发展而发生巨大变化。互联网技术和酒店业的很多关键岗位都产生了交叉。以前互联网和酒店及旅游管理是平行发展的关系，如今互联网技术已经和酒店和旅游业很多关键岗位都产生了融合和交叉，酒店及旅游业的管理模式、服务模式、营销模式、人力资源都因此产生了深刻的变化。数字化转型成为酒店未来可持续发展的核心战略。在酒店等旅游企业中，出现了越来越多与数字化营销和运营密切相关的岗位群，如数字营销经理、社交媒体营销经理、内容营销经理、会员营销经理、数字化管理师等岗位。这对我们还在按照传统岗位、传统流程、传统技能进行人才培养目标的旅游及酒店管理专业提出了新的专业发展规划。需要培养行业未来管理人才的高等院校在培养模式方面需要与时俱进，引入符合行业需求的数字化营销和运营课程，培养新型的旅游管理和运营人才。

（三）本专业数字化运营人才培养实践历程

2021 年初，教育部在最新的高职招生目录中，将原有酒店管理专业改名为"酒店管理与数字化运营"。事实上我们专业对于信息化、数字化的探索早在 2008 年就开始了，经历了客房在线时期的基层业务数字化技能培养到员工在线期的督导数字化技能培养以及营销新媒体时代的新媒体运营技能培养，如表 3-6 所示。

表 3-6 数字化人才培养历程简表

重要时间点	行业数字化现状与趋势	人才培养重点	举措	阶段性成果与推广
2008-2012	"客房在线"：行业中 PMS 已经逐渐渗透	酒店前厅客房餐饮等一线岗位数字化技能的培养	1.2008 年开始与泰能公司合作购入泰能酒店管理软件、智隆酒店管理软件、食神餐饮管理软件，培养学生的实操业务数字化能力 2.2012 年，由于所培养学生质量逐年提升，与越来越多国际品牌五星酒店合作，升级酒店前台 PMS 系统为 Opera，为广东省首家采购 Opera 系统的职业院校	1. 两名老师受聘为泰能公司顾问 2. 酒店管理信息系统课程标准 3. 实训室成为石基数字酒店信息管理系统合作实训基地 4. 建成餐饮管理国家级精品课，并在全国范围内推广 5. 国家级酒店管理专业示范国培班推广（酒店信息管理课程）
2013			与广州问途科技有限公司接洽，培养数字化营销师资	1. 两位老师成为 DOSSM 培训师资 2. 营销课程改革，酒店营销成为校级精品资源共享课，出版《酒店营销实务》教材 3. 完成国家级教学资源库餐饮经营管理子项目，并在全国推广使用
2017 年	员工在线	基层员工与督导等岗位数字化（信息化）技能的培养	2017 年购入蓝豆云，结合酒店前厅客房管理与酒店基层督导业务进行教学，主要提升基层督导的数字化水平	酒店基层督导业务成为校级精品资源共享课
		数字化经营管理意识	酒店沙盘模拟系统 旅行社经营管理沙盘模拟系统	国培班推广

续表

重要时间点	行业数字化现状与趋势	人才培养重点	举措	阶段性成果与推广
2018	营销运营数字化	真实项目数字营销、	1. 与美团合作，建立美团数字营销实训室 2. 成立"美团番职产学研中心"，共同开发课程标准探索酒店营销、收益层面的数字化人才培养 3. 课程体系中增加企业合作项目美团电商项目、酒店收益管理、旅游新媒体、旅游电子商务课程	1. 全国第一所美团大学美酒学院数字化人才实训中心，主流新闻媒体报道，在全国进行推广 2. 参与"酒店收益人员"X证书标准制定 3. 旅游电子商务课程成为国家级教学资源库推广
2019—	酒店电商、新媒体运营、私域流量	数字营销、OTA运营、酒店收益管理人员、新媒体运营等数字化人才的实战化培养	1. 师资培养，获得行业认可的运营证书与顾问证书 2. 申报产教融合数字营销实训中心项目，采购酒店销售系统、宴会销售展示系统、销售与宴会管理系统、在线直销管理平台、数字营销平台、客户关系与数字化管理平台、数字营销虚拟仿真沙盘等，全面推动数字化教学条件建设 3. 成立酒店数字营销校企融合工作室，开展项目运营 4. 数字化资源建设："酒店营销实务"校级精品资源共享课、"旅游电子商务"国家级教学资源库子项目 5. 课赛融合，以赛促教 6. 联手行业协会、龙头企业，参与"酒店收益管理""酒店运营管理""餐饮运营管理"X证书标准的制定	1. 两位老师获得行业认可的酒店电商运营证书以及顾问证书 2. 四位老师获聘美团大学美酒学院兼职讲师 3. 带领学生从事美团社群运营项目，完成近2000人的训练营培训，提高了社群的活跃及用户满意度，促进了用户的付费转化 4. 带领学生完成丽岛精品酒店、长沙东方商务酒店委托的酒店代运营项目2项，完成酒店诊断报告2份 5. 带领学生组成两支队伍参加首届全国酒店收益人员大赛，获得学生组（含本科）一等奖两项（冠军和季军），接受电视及新闻网站报道 6. 三本X证书在全国范围内推广

（四）本阶段解决的问题与解决方法

从2008年开始，将近13年时间，我们围绕着酒店业数字化运营人才培养做了许多探索和实践，解决了一些问题，具体如下：

1. 解决了酒店数字化运营管理人才培养路径不清的问题

第一，从培养目标来看，我们紧贴行业需求与资源实际，综合考虑学生职业生涯历程，采取了渐进式培养目标，从"服务技术数字化"到"督导管理数字化"再到"营销运营数字化";基本明确了酒店数据化运营人才培养标准（数字化相关部分）。如表 3-7 所示。

表 3-7 数字化人才标准简表

数字化相关知识	数字化相关技能	数字化思维
电脑信息技术	酒店 PMS 应用技能	行业发展趋势判断能力
市场营销	数据采集、分析及相关工具使用能力	认同数字化文化理念
新媒体知识	图像处理能力	辩证对待数字化的影响
大数据及数据处理基本知识	主流旅游电商平台运营能力	大局意识，前瞻洞察力
收益知识	图文短视频编辑能力	概念思考，系统思考，数据敏感力
数字营销知识	旅游新媒体运营能力	
	互联网营销能力	
	酒店 SOP 梳理能力	

在本专业（二年制），数字化的训练逐渐渗透到酒店前厅与客房管理、餐饮经营管理、酒店基层督导管理、酒店营销实务等传统酒店基层运营类课程；同时也有一些专门的数字化课程"美团电商项目"（产教融合课程）、"旅游电子商务、旅游新媒体、酒店收益管理"，更有一门起到贯穿酒店 SOP 与培养酒店人数字化思维的课程——酒店管理信息系统应用。这些课程的设置来看，也实现了传统酒店管理人才培养从管理—运营—收益的闭环路径。

第二，从教学模式来看，遵循了课堂操作层面—学校模拟项目—企业运营实战项目层层递进以及以赛促教的手段，由浅入深地培养学生扎实的数字运营能力；并鼓励学生参与收益管理相关证书，现在收益管理 X 证书也列为学生选择的证书之一，实现了岗课赛证融通的教学模式。

第三，从教学条件来看，本专业积极部署数字化的教学条件，实现数字化实训室（三次升级）+数字化的师资（培养与聘请）+数字化的教法（数字实训+仿真沙盘）+数字化资源（各级别在线课程、资源库各种在线资源）多方协同，共同促进数字化学习条件，满足线上线下的教学需求。

第四，探索了融教育、培训、社会服务、科研为一体的酒店数字营销实训室的建设。本专业信息化数字化实训室经过三次升级，从最早的酒店信息管理实训室—旅游与酒店信息中心—酒店数字营销产教融合实训室。现在有实训室从产品上越来越丰富完备，满足了业务运营、营销与数字时代客户关系管理的主要方面，能够较为立体地培养数字化运营的人才，实训手段涵盖技能训练到经营虚拟仿真。详见图3-2。

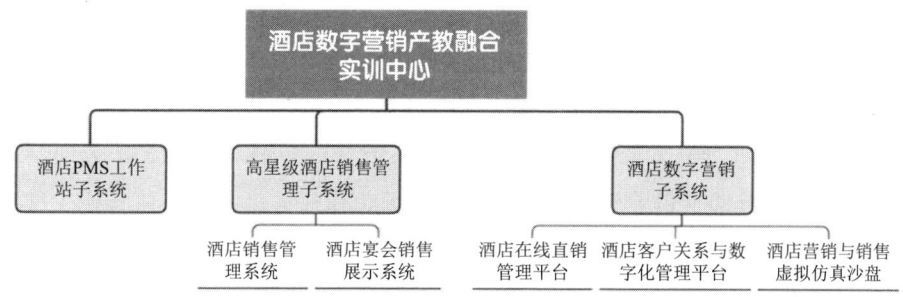

图3-2　酒店数字营销产教融合实训中心示意图

实训室从功能上来说也在逐步完善，从早期的服务对象为学生，满足教学到现在服务对象为学生、老师和社会人士，功能上实现育、训、研、服——"四位一体"化，如图3-3所示。具体来说，①教育：满足酒店互联网相关校企合作课程的教学等常规工作，承担多门酒店管理专业课程的教学与课程建设相关工作；②培训：成为对外培训中心，面向珠三角酒店业承接关于OTA运营、社群运营、收益管理等培训工作；③科研：可以研究和使用各系统的数据为开展相关行业研究，提升教师科研水平和社会服务能力；④社会服务：引入横向项目，引进真实的企业项目，学生在教师的带领下在本实训中心即可帮助

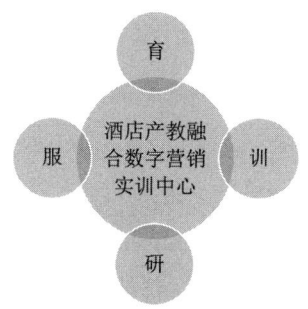

图3-3　"四位一体"酒店产教融合数字营销实训室

各企业完成各项营销决策，服务企业与社会，目前同学们已完成美团社群运营、酒店OTA与收益运营等真实项目的实践。

总之，通过目标、方法、条件的不断迭代与修订，本专业初步实现了：数字化在各个课程中的渗透，学生从业务数字化操作过渡到数字管理运营再到基本具备数字战略思维。

2. 解决了专业课程教学标准与行业先进标准脱节的问题

与美团、贸促会、中饭协等合作开发行业认可的专业领域课程标准，实现了课程教学标准与行业先进技能标准的深度融合；对接知名企业相关项目案例，总结出有代表性的典型工作任务，并以此工作任务为载体，将行业先进技术、新岗位所需的能力融入课程标准。

3. 解决了高质量数字化酒店运营管理人才培养教学载体和资源短缺的问题

（1）与龙头企业美团及其合作单位（美酒学院广东分院）合作，通过校企共建，资源互补，校方出场地、企业方出设备，解决了信息化系统与设备短缺以及采购周期长的问题。通过共建小精美数字营销校企合作工作室，引入真实企业项目，有力提升数字化运营人才的培养质量。

（2）联手浙江旅职等国内领先高职，依托国家级"旅游电子商务"课程资源库，建设新媒体运营、酒店PMS应用等课程资源，解决了数字时代线上线下课堂教学的资源（案例、视频等）保障问题。

（五）阶段小结

1. 本阶段基本明确酒店数字化人才培养规格，并主动对接数字时代酒店业的岗位变迁，分阶段设置符合市场需求的数字课程，始终与行业并驾齐驱

通过行业调研，基本明确了数字化运营较之原来的酒店管理专业人才培养，需要新增的数字化知识、数字化技能和数字化思维指标，具体如表3-7所示，并在培养期内分阶段逐渐对课程进行改造与新增。首先将业务的信息化融入"酒店前厅管理与运营""酒店餐饮管理与运营""酒店营销实务"，而后增加"酒店管理信息系统应用""旅游电子商务""酒店收益管理""美团电商项目""旅游新媒体""信息技术基础"。初步构建起数字化的课程体系，这些课程也打通了服务—运营管理—收益的闭环路径。

2. 教学方法方面，遵循了"课堂操作层面—学校模拟项目—企业运营实战项目"，探索并实践"岗课赛证"与"工作室机制"相融合的酒店数字化人才培养模式

通过明确新岗位的人才规格，通过共建工作室，以真实项目为授课案例进行课程内容学习，并依托数字化应用工具（PMS，蓝豆，沙盘模拟，OTA 后台、新媒体工具等），以及酒店数字营销工作室引入的社群运营、电商运营等真实项目，让学生边学边做，培养具备扎实的新媒体、营销与销售、数字技术应用理论知识，熟练掌握数字营销应用工具，并具有实践能力的复合型、应用型酒店数字化人才，专业教学以层层递进以及"以赛促教"的手段，由浅入深地培养学生扎实的数字运营能力；并鼓励学生参与收益管理相关证书，现在收益管理 X 证书也列为学生选择的证书之一，实现了岗课证赛融通的教学模式。如表 3-8 所示。

表 3-8 酒店专业岗课证赛融通

培养目标	岗位	信息化软件	开设课程	证书（含 1+X）	技能赛项
服务技术数字化	前厅服务员 餐厅服务员 客房服务员	Opera PMS 泰能经济型酒店 PMS 食神餐饮系统统	前厅客房餐饮服务、酒店管理信息系统应用	酒店运营管理（中级）1+X 证书	世界技能大赛酒店接待、餐厅接待赛项 餐厅服务赛项 全国酒店收益人员技能大赛 酒店营销策划技能大赛
督导管理数字化	领班 主管	蓝豆客房管家 蓝豆住客服务管家	前厅与客房管理、酒店基层督导管理	酒店餐饮运行管理（中级）1+X 证书 助理收益管理师等龙头企业认证	
营销运营数字化	前厅经理 楼层经理 餐饮经理 营销/销售经理	美团电商平台、在线直销管理系统、销售与宴会管理系统、客户管理系统、酒店运营沙盘模拟系统	美团电商项目课程、酒店收益管理、餐饮经营管理、酒店营销实务、酒店运营沙盘模拟实训		

3. 产教深度融合，实现人才培养"育用"闭环

本专业在数字化人才培养的探索中，产教融合贯穿到方方面面，无论是培养方案制定、实践教学体系的建设——场地＋项目共建共赢。本案例中实训条件的建设，就是深度产教融合的尝试之一，双方发挥资源优势、互利共赢；教学过程中企业真实项目进入课内外，将企业的经验和高校的教育资源双向打通，形成动态发展。

同时，专业通过与行业龙头（中饭协、美团等）共同建立人才标准、配套的教材、专业的落地培训、国家认证的专业能力测评（X 证书试点）、人才档案的建立、推进就业等，形成人才培养"育用"闭环。

阶段五：参照产业价值链微笑曲线，定位高附加值企业与岗位，践行"岗课赛证创融通 2+0.5+0.5"酒店业数字化人才培养模式（2021 年—）

教育部新专业目录将"酒店管理专业"更名为"酒店管理与数字化运营专业"之后，专业在前阶段数字化人才探索的背景下，考虑到职业教育体系的衔接，按照科技和产业逻辑开展人才培养，精准定位高职段专业人才培养方向——用习近平新时代中国特色社会主义思想武装头脑，德、智、体、美、劳全面发展，践行社会主义核心价值观，具有一定的科学文化水平，良好的人文素养、职业道德和创新意识，精益求精的工匠精神，较强的就业能力和可持续发展的能力，具备扎实的酒店业基础技能和数字化思维，能熟练操作酒店业数字化工具，具备酒店业数据运营能力的高素质、复合型、创新型技术技能人才。

（一）按照科技和产业逻辑开展人才培养的总体思路

对标数字化转型背景下现代高端住宿业产业，选取产业价值链微笑曲线中高附加值企业与岗位——产业链中游与下游中的人才岗位需求，结合教育链中高职酒店教育的定位与学生的基本特点，协同创新链中科技公司、高校引导与赋能产业链，共同培养技术与产业变革背景下的住宿业高端应用型数字化人才。此阶段培养方向除产品销售、品牌推广等领域，还延伸到产业链上如营销服务机构、管理咨询公司机构等高附加值环节及企业，如图 3-4 阴影部分所示。

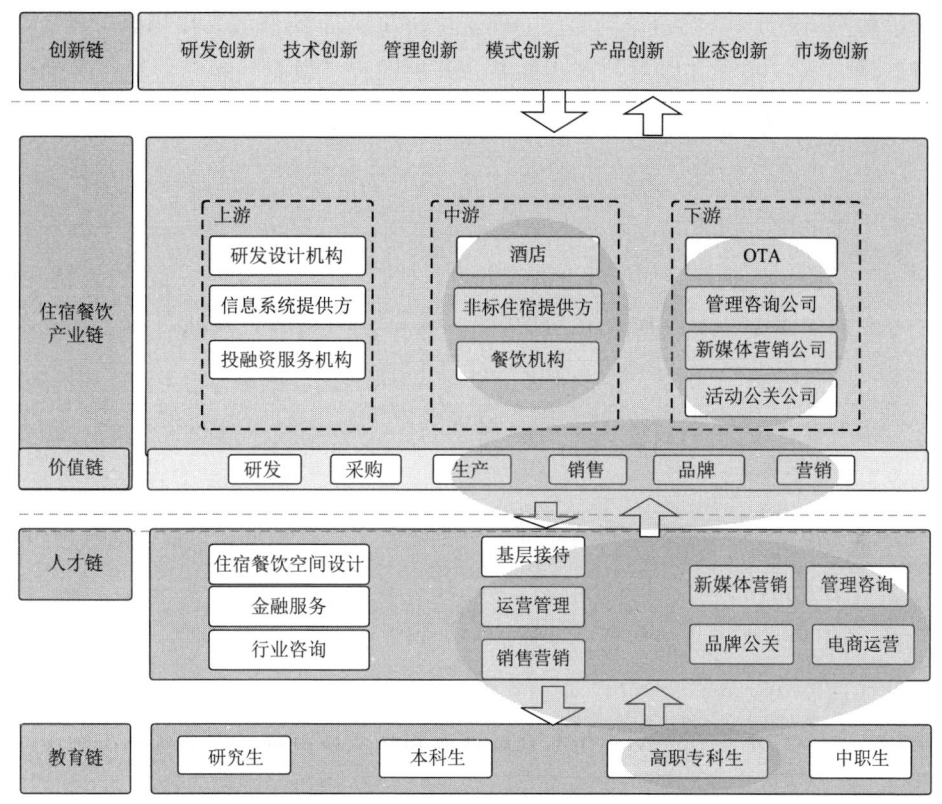

图 3-4　按照科技和产业逻辑开展人才培养的总体思路图

（二）建设举措——成立酒店业数字化运营产学研中心，构建从"服务—管理—运营—收益"的课程体系，创新酒店数字化运营实践教学体系，实践"岗课赛证创融通 2+0.5+0.5"酒店业数字化人才培养模式

依托广州旅游产业学院，协同产业链、创新链、教育链、利益相关方（行业协会、龙头企业、技术创新公司、学校等），建设集教学、科研、培训、技术服务、创新创业功能"五位一体"的酒店业数字化运营产学研中心，如图3-5 所示。中心下设：

（1）双师培训基地——持续提升本专业教师行业与教学数字化水平，开展社会培训，赋能兄弟院校。

（2）酒店数字化运营教研组——制订酒店数字化人才培养规格，依据数字经济及酒店数字化转型背景下所产生的新的岗位及需求对应工作领域对课程进行新增、删减或合并以重组课程体系，开展课程、教材、教学方法、教学评价、X证书、技能竞赛、人才培养质量监控等方面的改革探索。

（3）校企合作数字营销工作室——升级产教融合数字营销新实训条件，升级数字化工具，创新酒店数字化运营实践教学体系：前4学期以线上平台学习和线下学校、行业双导师指导开展产教融合代运营等实践项目，以项目课程帮助学生形成酒店数字化营销和运营技能；第5学期则执行"1+3+1把课堂搬到企业的实践教学"，即1天在企业理论学习，3天跟岗实践教学，1天复盘提高。

（4）旅游企业创新能力提升科研平台——实现技术咨询、创新与转化服务。

（5）住宿+X业态数字创客空间——孵化数字化营销创新创业团队与项目。以上五个子机构，从不同层面践行与保障实验班"岗—课—赛—证—创融通2+0.5+0.5"的酒店业数字化人才培养模式顺利落地。在本阶段，课程体系的变化如表3-9所示。

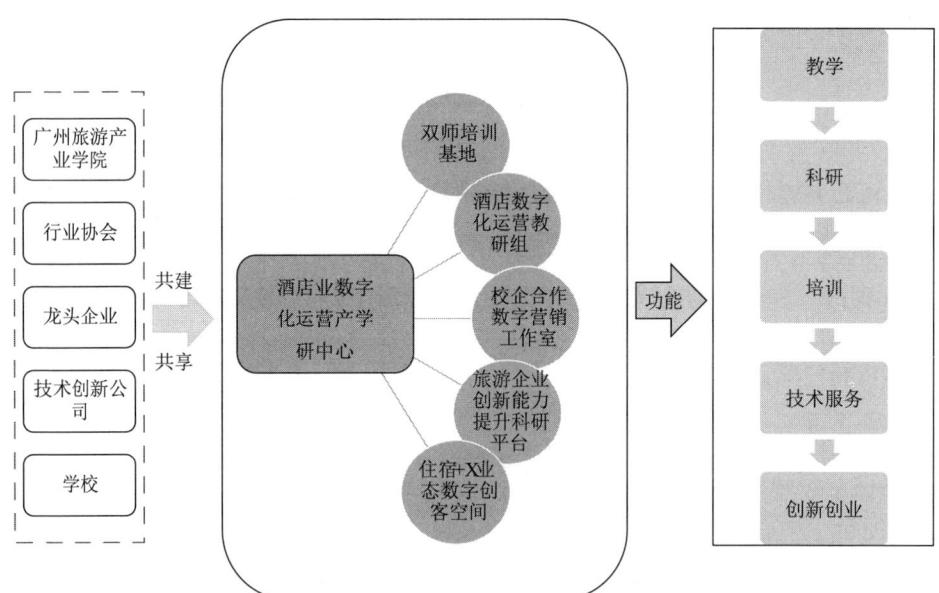

图3-5 酒店业数字化运营产学研中心

表 3-9 课程体系重构说明表

	传统课程	数字化人才培养课程	变化说明	对应岗位	证	赛
设计逻辑	服务—管理	服务—管理—运营—收益	侧重数字时代的运营、增收,为企业增效			
主要专业课程	前厅服务与管理	前厅与客房管理	合并,据企业实际情况合并,嵌入数字化内容	酒店业务运营岗	酒店运营管理X证书(中级)	酒店接待大赛
	客房服务与管理					
	餐饮服务与管理	餐饮服务与管理	保留,增加餐厅智能化服务内容			餐厅服务大赛
	酒店英语实务	酒店英语实务	保留,增加数字化教学手段			
	酒店督导实务	酒店督导实务	保留,嵌入数字化内容			
	酒店管理信息系统应用	酒店管理信息系统应用	保留,新增数字化转型趋势内容			
	酒店营销实务	酒店营销实务	保留,新增酒店数字化营销理论与实验内容	酒店及产业链下游企业销售、数字营销、客户运营和收益岗	酒店收益管理X证书(中级)	酒店数字营销大赛
		美团OTA项目课程	新增,产业链下游OTA运营课程			
		数据导向的客户关系管理	新增,私域客户运营课程			
		酒店收益管理	新增,数据化增收课程,对接X证书			酒店收益管理大赛
		旅游大数据分析	新增,大数据分析课程,培养学生数据意识与技能			
		旅游新媒体	新增,数字新媒体营销工具的使用			
		酒店数字化运营项目课程	新增,学校项目课程	综合应用		
		酒店运营实践项目课程	新增,企业项目课程	综合应用		
		调饮创客嘉年华	新增,创新创业孵化课程	创业		
		旅游业前沿	新增,行业前沿认知			

续表

	传统课程	数字化人才培养课程	变化说明	对应岗位	证	赛
	酒店人力资源管理		删除			
	酒店财务管理		删除，将非财务人员的财务管理意识与数据敏感度培养融合到各业务部门运营管理课程中			
主要专业课程	茶品鉴与茶艺	茶品鉴与茶美艺	保留，增加美学内容，培养技术，弘扬工匠精神	茶酒咖啡服务与销售		茶艺比赛
	酒水品鉴与调酒	酒水品鉴与调酒				餐厅服务大赛
	咖啡品鉴与制作	咖啡文化与技艺				咖啡师大赛，餐厅服务大赛
	民宿运营与管理	民宿运营与管理	保留，嵌入数字化内容	民宿等非标业态店长岗位		
	顶岗实习与毕业调研		保留，嵌入数字化运营岗位实践	传统与数字化运营相关岗位		

第二节 "酒店管理与数字化运营"专业人才培养方案

一、专业名称及代码

（一）专业名称：酒店管理与数字化运营

（二）专业代码：540106

二、入学要求

全日制普通中学高中毕业生；职业中学、中专、技校毕业生。

三、修业年限

基本学制为三年，实行弹性学制。学生总修业时间（含休学）不得超过六年。

四、职业面向

本专业职业面向分析，见表3-10。

表3-10 三年制酒店管理与数字化运营专业职业面向分析表

所属专业大类（专业类）	所属专业大类（专业类）代码	对应行业	主要职业类别	主要岗位类别（或技术领域）	职业技能等级证书、社会认可度高的行业企业（人才）标准或证书举例
旅游大类（旅游类）	54（5401）	住宿和餐饮业	住宿和餐饮服务、管理人员	住宿餐饮企业接待服务与运营管理人员、酒店营销与收益人员、OTA与新媒体运营人员、调酒师、茶艺师、咖啡师、调饮师、门店店长	北京三快在线科技有限公司颁发的酒店收益管理职业技能等级证书（中级）、中国饭店协会颁发的酒店运营管理技能等级证书（中级）、南京奥派公司颁发的新媒体技术职业技能等级证书

五、培养目标

本专业培养理想信念坚定,用习近平新时代中国特色社会主义思想武装头脑,德、智、体、美、劳全面发展,践行社会主义核心价值观,具有一定的科学文化水平,良好的人文素养、职业道德和创新意识,精益求精的工匠精神,较强的就业能力和可持续发展的能力,掌握商务礼仪、人际沟通、酒店各业务部门运营督导管理、营销收益、饮品文化等相关知识和客户接待、饮品品鉴与制作、新媒体与OTA运营技术工具使用、营收数据分析与收益提升等相关技术技能,适应粤港澳大湾区旅游产业和产业高端发展需要,面向旅游行业的住宿、餐饮、会展、OTA及旅游新媒体运营职业群,能够从事数字时代酒店接待、餐饮服务、饮品调制与创新、酒店营销、基层督导管理、OTA及旅游新媒体运营等工作的高素质的复合型、创新型技术技能人才。

六、培养规格

(一)素质

思想政治素质:树立马克思主义的世界观、人生观、价值观,拥护中国共产党的领导,拥护社会主义制度,热爱祖国,热爱中华民族,具有中国特色社会主义道路自信、理论自信、制度自信、文化自信,积极践行社会主义核心价值观。

职业素质:具有良好的职业态度和职业道德修养,具有正确的择业观和创业观。坚持职业操守,爱岗敬业、诚实守信、办事公道、服务群众、奉献社会;具备从事职业活动所必需的基本能力和管理素质;脚踏实地、严谨求实、勇于创新、具备工匠精神。

人文素养与科学素质:具有融合传统文化精华、当代中西文化潮流的广阔视野;文理交融的科学思维能力和科学精神;具有健康、高雅、勤勉的生活工作情趣;具有适应社会核心价值体系的审美立场和方法能力;打下个性鲜明、善于合作的个人成长、成才的素质基础。

身心素质：具有一定的体育运动和生理卫生知识，养成锻炼身体、讲究卫生的良好习惯，掌握一定的运动技能，达到国家规定的体育健康标准；具有坚韧不拔的毅力、积极乐观的态度、良好的人际关系、健全的人格品质。

创新创业素质：关心本专业领域的发展动态，具有服务他人、服务社会的情怀；积极参与，乐于分享，敢于担当，具有良好的沟通能力与领导力；掌握创新思维基本技法，具有良好的分析能力、主动解决问题的意识与建构策略方案的能力；思维活跃、行动积极，具有自我成就意识。

（二）知识

（1）掌握必备的思想政治理论、科学文化基础知识和中华优秀传统文化知识。

（2）熟悉与本专业相关的法律法规以及环境保护、安全消防等知识。

（3）掌握良好的沟通、服务礼仪、旅游服务心理等基础知识。

（4）掌握酒店业前厅、餐饮、客房服务与运营管理的基本理论以及安全、卫生相关知识。

（5）熟悉酒店成本控制、市场营销和收益管理知识。

（6）熟悉酒店信息化应用、OTA及旅游新媒体的基础知识。

（7）掌握酒店基层督导管理知识，熟悉酒店经营管理新观念、新理论、新技术。

（三）能力

（1）具有探究学习、终身学习、分析问题和解决问题的能力。

（2）具有良好的语言、文字表达能力和社交沟通能力，具备一定的英语听说、读写能力，熟练使用常用职业英语，并能进行一般业务沟通。

（3）具有基本的拍摄、图像处理以及视频制作能力。

（4）具备创新意识，能创造性地开展工作，满足宾客个性化要求。

（5）掌握酒店前厅、客房、餐厅、酒吧、会展等业务部门的职业技能操作方法和操作规范，并具备从事高级服务的能力。

（6）具备酒店及餐饮企业排班技巧、制定服务流程与标准、控制服务质量、处理顾客投诉、培训员工业务等能力。

（7）具备计算机、酒店信息系统、OTA运营及新媒体运营的基本操作与应用能力。

（8）具备酒店经营数据理解与分析的能力。

（9）具备餐饮店、茶吧、酒吧、咖啡吧等餐饮企业开店的初步创业能力。

（10）具备行业发展趋势判断能力。

七、课程设置

课程设置分为公共基础课程和专业课程两类。

（一）公共基础课

本专业开设的公共基础课包括公共基础必修课和公共基础选修课。

1. 公共基础必修课

本专业开设的公共基础必修课，见表3-11。

表3-11 三年制酒店管理与数字化运营专业开设的公共基础必修课

序号	课程名称	学分	学时	课程目标	主要内容	备注
1	思想道德与法治	3	54	通过教学，帮助学生筑牢理想信念之基，培育和践行社会主义核心价值观，树立正确的世界观、人生观和价值观，传承中华传统美德，弘扬中国精神，尊重和维护宪法法律权威，提升思想道德素质、职业道德和法治素养，使学生成为担当民族复兴大任的时代新人	担当复兴大任，成就时代新人；领悟人生真谛，把握人生方向；追求远大理想，坚定崇高信念；继承优良传统，弘扬中国精神；明确价值要求，践行价值准则；遵守道德规范，锤炼道德品格；学习法治思想，提升法治素养	

续表

序号	课程名称	学分	学时	课程目标	主要内容	备注
2	习近平新时代中国特色社会主义思想概论	3	54	通过教学，帮助学生理解习近平新时代中国特色社会主义思想是马克思主义中国化新的飞跃，是中国特色社会主义理论体系的最新成果；科学把握习近平新时代中国特色社会主义的创立过程、科学内涵和时代价值；引导青年学生自觉用习近平新时代中国特色社会主义思想武装头脑、指导实践，成为担当民族复兴大任的时代新人	习近平新时代中国特色社会主义思想是马克思主义中国化新的飞跃；坚持和发展中国特色社会主义总任务；坚持以人民为中心的发展思想；坚持党的全面领导；以新发展理念引领高质量发展；全面深化改革开放；发展全过程人民民主；全面依法治国；更好构筑中国精神、中国价值、中国力量；加强以民生为重点的社会建设；坚持人与自然和谐共生；建设一支听党指挥、能打胜仗、作风优良的人民军队；全面落实总体国家安全观；坚持"一国两制"和推进祖国统一；推动构建人类命运共同体；全面从严治党等	
3	毛泽东思想和中国特色社会主义理论体系概论	2	36	通过教学，让学生掌握毛泽东思想和中国特色社会主义理论体系概论的基本原理，用习近平新时代中国特色社会主义思想武装头脑，指导实践，提高运用马克思主义立场、观点和方法分析问题、解决问题的能力，成为德智体美劳全面发展的社会主义建设者和接班人	毛泽东思想；邓小平理论；"三个代表"重要思想；科学发展观	
4	形势与政策	1	48	通过教学，帮助大学生正确认识新时代国内外形势，深刻领会党的十八大以来党和国家事业取得的历史性成就、发生的历史性变革、面临的历史性机遇和挑战，推动党的理论创新成果进教材进课堂进学生头脑，引导大学生准确理解党的基本理论、基本路线、基本方略，确立建设有中国特色社会主义的理想和信念	党的理论创新最新成果形势与政策专题；全面从严治党形势与政策专题；我国经济与社会发展形势与政策专题；港澳台工作形势与政策专题；国际形势与政策专题	
5	当代大学生国家安全教育	1	18	通过国家安全教育，使学生能够深入理解和准确把握总体国家安全观，牢固树立国家利益至上的观念，增强自觉维护国家安全意识，具备维护国家安全的能力	政治安全、国土安全、军事安全、经济安全、文化安全、社会安全、科技安全、网络安全、生态安全、资源安全、核安全、海外利益安全以及太空、深海、极地、生物等不断拓展的新型领域安全	

续表

序号	课程名称	学分	学时	课程目标	主要内容	备注
6	军事技能	2	112	了解掌握基本军事技能,增强国防观念、国家安全意识和忧患危机意识,弘扬爱国主义精神、传承红色基因、提高学生综合国防素质	共同条令教育、分队的队列动作、现地教学;轻武器射击、战术;格斗基础、战场医疗救护、核生化防护;战备规定、紧急集合、行军拉练、野外生存、识图用图、电磁频谱监测	
7	军事理论	2	36	掌握军事基础知识,增强国防观念、国家安全意识和忧患危机意识,激发爱国热情,弘扬爱国主义精神、传承红色基因、提高学生综合国防素质	国防法规、国防建设、武装力量、国防动员;国家安全形势、国际战略形势;外国军事思想、中国古代军事思想、当代中国军事思想;新军事革命、机械化战争、信息化战争;信息化作战平台、综合电子信息系统、信息化杀伤武器	
8	大学生健康与安全教育	2	36	树立健康与安全意识,掌握维护健康与安全的知识和技能,提高应对健康与安全风险的能力,增强维护全民健康与安全的社会责任感	健康生活方式、疾病预防、心理健康、性与生殖健康、安全应急与避险;心理健康与身体健康的关系,自我心理调适与技能,缓解不良情绪的基本方法,维护良好人际关系与有效交流的方法,珍爱生命	
9	体育	6	90	通过合理的体育教育和科学的体育锻炼,达到增强体质、增进健康,培养终身体育意识,促进学生全面发展	学生以身体练习为主要手段,以体育与健康知识、技能和方法为主要学习内容;通过身体活动,将思想品德教育,文化科学教育,生活与运动技能教育有机结合,促进身心和谐发展	
10	体能测试	0.5	18	通过体能测试对学生体质健康进行量化综合评定,激励学生积极进行身体锻炼,促进学生体质健康发展	通过对学生身高、体重、肺活量、坐位体前屈、立定跳远、50米、1分钟仰卧起坐(女)、引体向上(男)、800米跑(女)、1000米跑(男)等的测试,对学生体质状况和体育锻炼效果进行评价,以指导学生科学开展体育活动和锻炼	
11	劳动专题教育	1	16	通过劳动教育,使学生能够理解和形成马克思主义劳动观,牢固树立劳动最光荣、劳动最崇高、劳动最伟大、劳动最美丽的观念	劳动创造历史,养成良好劳动习惯,劳动精神专题教育、劳模精神专题教育、工匠精神专题教育	
12	劳动	2	56	通过劳动实践,体会劳动创造美好生活,体认劳动不分贵贱,热爱劳动,尊重普通劳动者,培养勤俭、奋斗、创新、奉献的劳动精神;具备满足生存发展需要的基本劳动能力,形成良好劳动习惯	分为校内劳动实践和校外劳动实践两部分。校内劳动实践包括:实训室、课室、洗手间、楼道、周边草坪及指定区域的清洁;校外劳动实践包括:暑假自主参加实习、实训或其他有益于身心发展的劳动实践	

续表

序号	课程名称	学分	学时	课程目标	主要内容	备注
13	职业规划与就业指导	2	38	激发大学生职业生涯发展的自主意识，树立正确的就业观，促使大学生理性地规划自身未来的发展，并努力在学习过程中自觉地提高就业能力和职业生涯管理能力	正确认识自我，适应大学生活；职业与成才的关系，职业生涯规划的意义与基本内容；如何做好职业生涯规划，职业生涯规划书的制作；就业形势分析，就业政策，求职准备与求职技巧，就业权益保护；等等	
14	创新创业基础	2	32	培养学生创新意识，树立创新强国的理念，掌握开展创新创业活动所需的相关知识，锻炼学生发现问题并创新地解决问题的能力	通过痛点分析、创新性地寻找解决方案、商业模式分析等步骤，从0到1开发一个创新创业项目，撰写商业计划书并完成路演	
15	人工智能与信息技术基础	3.5	60	掌握计算机信息技术基本原理及应用；掌握Office办公软件的应用；掌握人工智能的基本概念、基本理论与方法，推理机制和智能问题求解技术；掌握人工智能在各种场景的应用；培养运用办公软件解决本专业及相关领域实际问题的能力	计算机原理；Word文档排版；Excel数据处理；PPT设计与制作；人工智能的历史与发展；人工智能机器感知、机器学习、深度学习及神经网络；人工智能的主要应用（物体识别、人脸识别、语音识别、无人驾驶等）；云计算、大数据、区块链、物联网等基本原理及应用案例；人工智能技术未来概述	

2. 公共基础选修课

本专业开设的公共基础选修课，见表3-12。

表3-12 三年制酒店管理与数字化运营专业开设的公共基础选修课

序号	课程名称	学分	学时	课程目标	主要内容	备注
1	马克思主义中国化进程与青年学生使命担当	1	24	通过教学，帮助学生理解不同时代青年对马克思主义及其中国化的不同探索和实践，深化习近平新时代中国特色社会主义思想的理解，强化新时代青年的使命担当精神，引导青年学生成长为担当民族复兴大任的时代新人	19世纪科学社会主义的创立；五四精神；新中国成立、社会主义建设；改革开放时代；中国特色社会主义新时代；新时代我国社会主要矛盾；建设美丽中国；中国特色社会主义文化自信；构建人类命运共同体；中国共产党领导；全面建设社会主义现代化国家；中国共产党的百年历史等，并关联青年使命	限选

续表

序号	课程名称	学分	学时	课程目标	主要内容	备注
2	公共艺术选修课	2	32	强化普及艺术教育，推进文化传承创新，引领学生树立正确的审美观念、陶冶高尚的道德情操、塑造美好心灵	开设音乐、美术、舞蹈、戏剧、戏曲、影视、书法等公共艺术课程，重点突出公共艺术课程的实践性	
3	其他公共选修课	5	80	扩大学生的知识面、完善学生知识能力结构，培养和发展学生的兴趣和潜能	自我管理与学习能力、问题思考与解决能力、团队协作与执行能力、人际交往与沟通能力、组织领导与决策能力、职业发展与创新能力、中华文化与历史传承、科学与科技、社会与文化、经济管理与法律基础、艺术鉴赏与审美体验等十一类课程	
4	综合素质课外实践项目	8	0	培养学生德智体美劳全面发展的综合实践能力	思想政治与道德素质、社会实践与志愿服务、职业技能、科学技术、创新创业、文化艺术与身心发展、社团活动与社会工作、国际交流、辅修专业学习等九大类的第二课堂实践活动或竞赛活动	

（二）专业课

1. 专业群平台课

本专业开设的专业群平台课，见表3-13。

表3-13　三年制酒店管理与数字化运营专业开设的专业群平台课

序号	课程名称	学分	学时	课程目标	主要内容	备注
1	综合英语	7	124	培养学生必要的英语语言基础知识与技能，尤其是英语的听说读写译的能力及运用英语进行日常交流沟通的能力	从听、说、读、写、译五个方面提高学生的英语语言综合应用能力，内容涉政治、经济、社会、文化、环境、科技、工作、教育、健康、娱乐等文本内容	
2	管理基础与实务	2	36	为学生从事各项管理工作打下良好的基础，同时为加强自我管理、胜任团队管理、参与企业管理提供重要的保证	学习管理学的基础知识，培养自己的管理素质和技能；熟知管理的职能，妥善处理客户及团队的管理及反馈；能够客观地自我认知和评价，有强烈的团队合作意识；领悟企业文化并能快速融入	

续表

序号	课程名称	学分	学时	课程目标	主要内容	备注
3	商务礼仪	2	40	了解商务礼仪基本知识，养成良好的礼仪习惯，提高学生个人修养	个人礼仪，仪容仪表；社交礼仪，旅游服务人员形象塑造礼仪；岗位礼仪，旅游行业职业接待服务礼仪；拓展涉外礼仪	
4	旅游业前沿	2	32	了解旅游学科前沿知识和旅游业的最新发展成果，提高学生对专业的认知程度	包括旅游景区、旅行社、酒店、民宿、餐饮、会展等主要行业的学科前沿知识、最新发展成果以及行业发展前景等内容	
5	新媒体营销	2	40	了解新媒体营销的基本概念，掌握文案策划与撰写技巧；掌握短视频拍摄与制作技能；掌握头条号、微信公众号等新媒体平台的营销技能	新媒体营销的基本概念；新媒体主流平台的操作规则和业务流程；新媒体的引流、维护与变现的知识；综合项目应用与实践	

2. 专业核心课

本专业开设的专业核心课，见表3-14。

表3-14 三年制酒店管理与数字化运营专业开设的专业核心课

序号	课程名称	学分	学时	课程目标	主要内容	备注
1	酒店实用英语	4	72	通过前厅、客房、餐饮、康乐4个项目，帮助学生运用酒店实用英语专业知识独立完成酒店外宾服务任务	用英语接待外宾、办理预订、入住、结账等业务；用英语较详细地介绍酒店客房服务项目、设施；用英文介绍酒店各种菜品、特色产品等；用英语与酒店客人沟通、答疑、促销、问询等	
2	酒店基层督导业务	2.5	44	通过招聘选拔、工作分析、培训开发、绩效考核4个项目学习，帮助学生掌握酒店业务部门的督导管理技巧	酒店业务部门各岗位工作流程制定；业务部门的服务质量标准制定；业务部门工作绩效标准体系建立；基层员工的培训技巧训练；时间管理项目训练；员工激励与团队建设	
3	酒店营销实务	3	52	通过酒店营销理论、酒店销售、酒店数字营销3个模块学习，掌握一定的酒店营销实战技能	酒店营销认知；营销理论；SWOT分析与市场定位；酒店线上线下渠道开发；酒店销售技巧；酒店数字营销技术	

续表

序号	课程名称	学分	学时	课程目标	主要内容	备注
4	酒店管理信息系统应用	2	40	通过酒店信息系统概述、酒店PMS系统应用、酒店业信息技术发展3个项目学习，使学生能了解信息化技术在酒店业中的应用	酒店信息系统概述、酒店PMS系统应用、酒店业信息技术发展	
5	餐饮服务与管理	4	72	通过餐饮服务操作技能、餐饮基层服务与管理、餐饮企业经营与管理等内容的学习，使学生具备酒店餐饮部一线服务和管理岗位的知识、能力、素质，同时达到具备小型餐饮企业开店创业的初步能力	餐饮服务操作技能；餐饮服务与基层管理；餐饮企业经营与管理：（场定位和开店模式选择、组织机构设计、设计菜单、设计厨房与楼面、制定生产质量标准和餐厅服务流程与质量标准、餐饮成本控制、编制餐饮经营计划书	专创融合课程
6	酒店收益管理	2	32	通过收益管理基本思想、分析与预测、实战技巧、策略实施等项目学习，初步掌握收益管理的基本理念与方法	收益管理基础知识；收益管理的市场环境分析方法；收益管理的分析与预测方法；收益管理实战技巧；收益管理策略实施要点	
7	酒店前厅与客房管理	3	52	通过前厅服务与管理、客房服务与管理等2个模块下预订、接待、客房日常管理、布草管理、客房定价管理等10余个项目的训练，掌握高星级酒店房务部业务管理的能力，能构建房务部管理体系	前厅服务与管理：构建前厅管理体系；前厅预订服务与管理；前厅接待服务与管理；前厅综合服务管理；宾客关系管理。客房服务与管理：构建客房管理体系；客房清洁管理；客房物资设备与用品的管理；客房安全保卫管理	

3. 专业综合技能（含实践）课

本专业开设的专业综合技能（含实践）课，见表3-15。

表 3-15　三年制酒店管理与数字化运营专业开设的专业综合技能（含实践）课

序号	课程名称	学分	学时	课程目标	主要内容	备注
1	葡萄酒知识与侍酒	2.5	44	通过学习葡萄酒的基础知识，掌握餐酒搭配的技巧，能够品鉴葡萄酒，具备对客侍酒的能力与水平	葡萄酒基础知识；观色、闻香、品尝、回味等的基本要求及训练；葡萄酒的年份、香型、质量、适饮期及酒体的辨识；餐酒搭配的基本要求及技巧；侍酒服务的基本要求及技巧	
2	茶文化与茶美艺	2.5	44	通过识茶、品茶、泡茶、茶美艺4个项目学习，使学生具备茶艺师的知识与技能，为职业发展奠定良好的能力基础	6大茶类的识别；6大茶类的品鉴；6大茶类的冲泡方法；茶品调饮与创新；生活茶美艺（形象美、形态美，雅致生活）	
3	咖啡文化与技艺	2.5	44	通过咖啡文化、咖啡杯测、咖啡地图、手冲、雕花、拉花6个项目学习，掌握咖啡基本知识与冲煮技能	咖啡与咖啡文化基础知识；咖啡种植地区和三大产区不同风味；咖啡冲煮技能；咖啡雕花技能；咖啡拉花技能；咖啡馆运营与管理	
4	调饮创客嘉年华	2	56	通过在葡萄酒品鉴与酒水调制实训室、咖啡实训室、茶艺实训室、烘焙实训室开展的各项实践活动，展现本专业从业人员风采，提高学生的市场营销、业务运营、接待服务、调饮出品与创新、经营管理、团队协作等能力	饮品设计与推广经营；业务技能大赛：自创鸡尾酒大赛、葡萄酒品鉴赛、茶艺与茶品鉴大赛、咖啡冲泡与品鉴大赛、烘焙技艺大赛；饮品文化推广	创新创业实践课程
5	美团电商项目	1	32	通过对酒店电商行业的发展分析，了解酒店电商发展路径，并掌握酒店电商运维途径、实战方法和技能	酒店业电子商务的发展现状；酒店行业电子商务案例解析；酒店行业电子商务方案与模型；不同电商平台的优劣势分析；美团 OTA 运营	
6	行业认知与职业经理人讲座	1	22	通过行业调研以及酒店各部门职业经理人对职场以及酒店的讲座，让学生对酒店及酒店业有初步认识	行业调研；酒店经理人讲座	
7	酒店接待综合实践	1	28	通过沟通技巧、多元文化介绍，SOP 等内容的学习，能办理较复杂的酒店接待业务，同时具备一定的后台写作能力	标准英语表达学习、投诉管理、多元文化知识学习；酒店预订、入住、结账退房等 SOP 实践；预订、OTA 投诉、旅游推介等后台写作训练	

续表

序号	课程名称	学分	学时	课程目标	主要内容	备注
8	酒店宴会会议统筹	2	32	通过宴会会议活动策划、宴会会议策划与现场督导、活动设计与危机管理、会议营销成本与控制等学习培养学生不同主题的宴会和会议策划与统筹能力	宴会会议概述；宴会会议统筹；活动场地设计；搭建管理；音频视频服务；活动危机预案；营销成本与控制	
9	酒店管理沙盘模拟实训	1	28	通过酒店筹建举措、营销推广、财务管理、人力资源管理4个项目模拟运营，掌握酒店基本管理实战技能	酒店内部业务流、资金流、信息流、物流及商务流；酒店的战略、计划管理；酒店市场定位；对客房资源进行合理规划、布局；通过报表进行酒店经营分析	
10	数据导向的客户关系管理	2	32	通过用户引流、用户培育方案设置、客户转化方案设置等学习，帮助学生形成对用户数据的认知能力、具备将客户管理的业务问题转化为数据问题的能力、具备通过数据分析工具洞察客户关系管理效果的能力	数字时代的客户关系管理内涵；相关运营系统工具；客户增长模型；客户数据化运营	
11	酒店运营与管理项目课程	2	56	依托科研项目与企业真实需求项目，组成项目团队，在教师指导下，学生以小组形式自主完成对酒店运营与管理某一领域的研究与实战，使学生在研究或实战过程中获得酒店运营与管理方面的综合职业知识、研究能力、实战与创新能力	针对酒店在实际运营、管理中面临的新情况、新问题或新任务，设计调研问卷；进行深度访谈；发现酒店面临的挑战与机遇；就推进酒店产品升级与技术创新提出解决方案并实战	项目课程
12	顶岗实习与毕业调研	16	448	通过在酒店企业顶岗实习，培养学生的专业技能、管理意识，养成良好的团队合作意识和沟通能力	熟悉酒店企业各部门的职能；熟悉酒店企业的规章制度；熟悉酒店领班（主管）和服务员岗位的工作任务职责；完成酒店前厅部、客房部、餐饮部、会展服务部等一线岗位的服务及督导见习工作	

4. 专业拓展课

本专业开设的专业拓展课，见表3-16。

表 3-16 三年制酒店管理与数字化运营专业开设的专业拓展（含专业群综合拓展）课

序号	课程名称	学分	学时	课程目标	主要内容	备注
1	旅游实用日语	2	32	使学生具有一定的旅游商贸相关知识，有较强的日语会话能力和沟通能力	旅游观光；中国概况；中国美食；中国民族等	综合拓展课程
2	旅游韩语	2	32	使学生具有一定的韩语语言基础，掌握韩语发音等基础知识	旅游观光；韩国概况、韩国旅游资源、旅游基础问候语等	
3	跨文化交际	2	36	了解多元文化、文化差异，初步培养全球视野和国际交往素质与能力，构建在不同文化背景下沟通交流的能力	文化，跨文化，跨文化交际的基本概念；跨文化交际障碍的主要原因及相关术语内涵；不同文化背景的价值观差异；言语交际和非言语交际的内涵及差异；认识论及思维差异；各类差异在跨文化商务活动中的体现及影响	
4	国际旅游攻略	2	32	通过欧美、东南亚、日韩、澳新、中东非 5 个项目，掌握国际旅游热点及吃、住、行、游、购、娱相关资讯	欧美不同类型旅游热点；东南亚海岛游旅游热点；日韩游文化禁忌；澳新旅游热点；中东非旅游攻略	
5	景区服务与管理	2	32	掌握景区服务的操作程序与专业知识，并培养学生旅游景区服务和基层管理的相关能力	景区类型；设计景区内部游览线路；景区服务规范，景区接待与票务销售；营销策划、人力资源管理与游客管理方案编制	
6	研学旅游	2	32	培养学生策划、实施研学旅行方案的能力，提高在研学过程中组织和指导中小学生开展研习和体验的服务水平	研学旅行中的安全管理与保障；策划、制定和实施研学旅行教育方案；研学出行前，指导中小学生做好准备工作；研学过程中，组织中小学生参与教育活动项目并指导撰写研学日记或调查报告；研学结束后，组织中小学生分享心得体会	
7	旅游大数据分析与应用	2	32	了解旅游行业领域最新工具和方法，为旅游行业市场分析、预测提供全新视角和基础	信息技术在旅游领域专业知识的应用；旅游大数据的来源及数据分类；从分析视角介绍 UGC 数据、设备数据、事务性数据等内容；从管理、营销、服务这三方面对旅游大数据的行业应用和典型案例进行介绍	
8	酒店文化建设与实施	2	32	通过 12 个酒店集团文化项目的学习，帮助学生掌握酒店文化的构成、酒店文化建设以及在酒店管理中的运用	酒店企业文化的组成；酒店智能化与人文情怀的平衡；酒店品牌培育；酒店文化建设	

续表

序号	课程名称	学分	学时	课程目标	主要内容	备注
9	民宿运营管理	2	32	通过民宿起源、民宿发展概况、广东民宿发展、民宿运营管理等项目的学习，掌握民俗的开发与运营要点	酒店新业态——民宿发展史；行业对民宿发展的支持；广东民宿发展的特点与趋势；民宿开发与运营	
10	饮食文化	2	32	通过学习传统饮食文化知识，学会欣赏和品味中华饮食文化趣味，提高审美情操，传承文化精神	中华饮食传统、思想、礼仪、器物、食俗、流派、宴请等知识和特点；岭南饮食的文化韵味	
11	西点烘焙	2	32	通过饼干、面包、蛋糕3个项目的学习，帮助学生掌握基础的西点烘焙技能	烘焙的基础知识；饼干点心的制作；港式面包的制作；常温蛋糕的制作；烘焙店铺的运营与管理	
12	酒店收益管理X证书考证	1	28	为学生报考酒店收益管理（中级）X证书奠定基础；使学生掌握笔试考试课程的重点内容、实操考试流程、应试要点及应试技巧	收益管理基础知识；预订控制；容量控制；渠道管理	
13	企业文化认知与行业前沿调研	2	56	让学生更好地了解企业发展前沿及企业文化内涵、核心竞争力，提升学生对企业文化的认同感	行业发展前沿；企业文化内涵及核心竞争力；学生分组调研一些企业并形成调研报告	
14	酒店运营实践	6	108	通过前厅运营管理、客房运营管理、餐饮运营管理、人力资源管理、市场销售管理、服务质量管理等项目的学习，使学生熟悉酒店的业务流程和管理程序，掌握酒店运营基本技能	酒店运营理论概述；前厅运营实践；客房运营实践；餐饮运营实践；人力资源运营实践；市场销售运营实践；工程安保部运营实践	订单班课程
15	领导力提升	2	32	通过自我领导力、人员领导力、业务领导力提升的学习，培养管理者所需具备的领导力	自我领导力提升：自我修炼、自动自发工作、有效进行时间管理计划；人员领导力提升：与员工沟通、工作任务委派、激励员工、培育与教导下属；业务领导力提升：执行力培养、目标管理、绩效管理、工作汇报	

（三）职业技能等级（资格）证书与相关专业课程的关系

学生获得以下职业技能等级（资格）证书（经提交证书原件验证），可获得本专业相关 1 门或多门专业课程学分，见表 3-17。

表 3-17 三年制酒店管理与数据化运营专业职业技能等级（资格）证书与相关专业课程的关系

序号	证书名称	证书等级	颁证单位	置换课程名称	学分	备注
1	酒店收益管理	中级	北京三快在线科技有限公司	酒店收益管理	2	
2	新媒体技术职业技能等级证书	中级	南京奥派公司	新媒体营销	2	

八、教学进程总体安排

本专业教育教学活动时间安排表，见表 3-18。

表 3-18 三年制酒店管理与数字化运营专业教育教学活动时间安排表

序号	教育教学活动		各学期时间分配（周）						合计
			一	二	三	四	五	六	
1	教学活动时间	理论教学、实践教学、职业技能等级（资格）考证培训	16	18	18	18	18	16	104
2	其他教育活动时间	考核	1	1	1	1	1		5
3		机动		1	1	1	1	3	7
4		入学教育、军事技能训练	2						2
5		毕业教育、毕业离校						1	1
	合 计		19	20	20	20	20	20	119

九、实施保障

（一）师资队伍

1. 队伍结构

学生人数与本专业专任教师人数比例不高于 25∶1，双师素质教师占教师比例不低于 60%，专任教师队伍要考虑职称、年龄、形成合理的梯队结构。

2. 专任教师

专任教师应具有高校教师资格；有理想信念、有道德情操、有扎实学识、有仁爱之心；具有旅游管理、酒店管理等相关专业本科及以上学历；具有扎实的本专业相关理论功底和实践能力；具有较强信息化教学能力，能够开展课程教学改革和科学研究；有每 5 年累计不少于 6 个月的企业实践经历。

3. 专业带头人

专业带头人应具有副高级以上职称，能够较好地把握行业变化趋势，能广泛联系行业企业，了解行业企业对本专业人才的实际需求，教学设计、专业研究能力强，组织开展教科研工作能力强，在本区域或本领域具有一定的专业影响力。

4. 兼职教师

兼职教师主要从本专业相关的行业企业聘任，具备良好的思想政治素质、职业道德和工匠精神，具有扎实的专业知识和丰富的实际工作经验，具有中级及以上相关专业职称，能承担专业课程教学、实习实训指导和学生职业发展规划指导等教学任务。

（二）教学设施

1. 专业教室基本条件

专业教室一般配备黑（白）板、多媒体计算机、投影设备、音响设备，互联网接入或 Wi-Fi 环境，并实施网络安全防护措施；安装应急照明装置并保持良好状态，符合紧急疏散要求，标识明显，保持逃生通道畅通无阻。

2. 校内实训室基本要求

（1）茶艺实训室。茶艺实训室应配备六大类茶的冲泡器具，数量要保证 50 套，用于茶品鉴与茶艺课程的教学与实训。

（2）咖啡实训室。咖啡实训室应配备咖啡冲煮器具，数量要保证能供 50 人使用，用于咖啡品鉴与制作等课程的教学与实训。

（3）调酒实训室。调酒实训室应配备各类酒水品鉴与调制器具，数量要保证能供 50 人使用，用于葡萄酒品鉴与服务等课程的教学与实训。

（4）校内教学酒店。校内教学酒店应具备大堂接待处、四星标准客房、中西餐厅、游泳池等康乐设施，能同时容纳不少于 150 人的住宿需求，用于酒店前厅与客房管理、餐饮经营管理、酒店基层督导业务、酒店营销实务等课程的教学与实训。

（5）酒店数字营销实训室。酒店数字营销实训室应具备电脑、酒店数字营销相关软件等软硬件设施，能同时满足 50 人使用，用于酒店营销实务、美团电商项目、酒店收益管理等课程的教学与实训。

（6）旅游与酒店 ERP 实训室。旅游与酒店 ERP 实训室应具备电脑、酒店 ERP、旅游 ERP 等软硬件设施，能同时满足 50 人使用，用于酒店管理沙盘模拟实训等课程的教学与实训。

（7）旅游与酒店信息管理实训室。旅游与酒店信息管理实训室应具备电脑、酒店 PMS、旅行社内部管理软件等软硬件设施，能同时满足 50 人使用，用于酒店管理信息系统等课程的教学与实训。

（8）礼仪实训室。礼仪实训室应具备形体镜、化妆台、更衣柜等设备设施，能同时满足 50 人使用，用于员工职业形象塑造等课程的教学与实训。

3. 校外实训 / 实习基地基本要求

（1）广州 W 酒店（5 星）实训基地。广州 W 酒店实训基地能够接纳 20 人开展酒店前厅、客房、餐饮、会议等方面的接待服务实训教学、基层督导实训教学以及学生顶岗实习，配备相应数量的指导教师对学生实训、实习进行指导和管理，规章制度齐全，学生安全有保障。

（2）广州富力君悦酒店（5 星）实训基地。广州富力君悦酒店实训基地能够接纳 20 人开展酒店前厅、客房、餐饮、会议等方面的接待服务实训教学、基层督导实训教学以及学生顶岗实习，配备相应数量的指导教师对学生实训、实习进行指导和管理，规章制度齐全，学生安全有保障。

（3）广州海航威斯汀大酒店（5 星）实训基地。广州海航威斯汀大酒店实训基地能够接纳 20 人开展酒店前厅、客房、餐饮、会议等方面的接待服务实训教学、基层督导实训教学以及学生顶岗实习，配备相应数量的指导教师对学生实训、实习进行指导和管理，规章制度齐全，学生安全有保障。

（4）广州四季酒店（5星）实训基地。广州四季酒店实训基地能够接纳20人开展酒店前厅、客房、餐饮、会议等方面的接待服务实训教学、基层督导实训教学以及学生顶岗实习，配备相应数量的指导教师对学生实训、实习进行指导和管理，规章制度齐全，学生安全有保障。

（5）广州长隆酒店（5星）实训基地。广州长隆酒店实训基地能够接纳20人开展酒店前厅、客房、餐饮、会议等方面的接待服务实训教学、基层督导实训教学以及学生顶岗实习，配备相应数量的指导教师对学生实训、实习进行指导和管理，规章制度齐全，学生安全有保障。

（6）广州南沙大酒店（5星）实训基地。广州南沙大酒店实训基地能够接纳20人开展酒店前厅、客房、餐饮、会议等方面的接待服务实训教学、基层督导实训教学以及学生顶岗实习，配备相应数量的指导教师对学生实训、实习进行指导和管理，规章制度齐全，学生安全有保障。

（7）广州大茶园有限公司实训基地。广州大茶园有限公司实训基地能够接纳20人开展茶艺服务、茶叶推销等方面的实训教学以及学生顶岗实习，配备相应数量的指导教师对学生实训、实习进行指导和管理，规章制度齐全，学生安全有保障。

（8）广州白云机场铂尔曼酒店（5星）实训基地。广州白云机场铂尔曼酒店实训基地能够接纳20人开展酒店前厅、客房、餐饮、会议等方面的接待服务实训教学、基层督导实训教学以及学生顶岗实习，配备相应数量的指导教师对学生实训、实习进行指导和管理，规章制度齐全，学生安全有保障。

（9）广州岭南国际企业集团有限公司实训基地。广州岭南国际企业集团有限公司旗下拥有广州花园酒店（5星）、广州南沙花园酒店（5星）、中国大酒店（5星）、东方宾馆（5星）等酒店，实训基地能够接纳100人开展酒店前厅、客房、餐饮、会议等方面的接待服务实训教学、基层督导实训教学、部门运营与管理实训教学以及学生顶岗实习，配备相应数量的指导教师对学生实训、实习进行指导和管理，规章制度齐全，学生安全有保障。

（10）广州珠江城市管理集团有限公司实训基地。广州珠江城市管理集团有限公司旗下酒店、餐饮企业、物业公司等机构，实训基地能够接纳50人开展酒店前厅、客房、餐饮、会议、客服等方面的接待服务实训教学、基层督导实训教学、部门运营与管理实训教学以及学生顶岗实习，配备相应数量的指导教师对学生实训、实习进行指导和管理，规章制度齐全，学生安全有保障。

4. 支持信息化教学方面的基本要求

具有可利用的数字化教学资源库、文献资料、常见问题解答等信息化条件；鼓励教师开发并利用信息化教学资源、教学平台，创新教学方法，引导学生利用信息化教学条件自主学习，提升教学效果。

（三）教学资源

1. 教材选用基本要求

按照国家规定选用优质教材，禁止不合格的教材进入课堂。

2. 图书文献配备基本要求

图书文献配备能满足人才培养、专业建设、教科研等工作的需要，方便师生查询、借阅。专业类图书文献主要包括：旅游类、管理类、经济类等。

3. 数字教学资源配置基本要求

建设、配备与本专业有关的音视频素材、教学课件、数字化教学案例库、虚拟仿真软件、数字教材等专业教学资源库，应种类丰富、形式多样、使用便捷、动态更新，能满足教学要求。

（四）教学方法

1. 项目教学法

以企业岗位工作为任务，引导学生完成项目，积极探索素质拓展训练与课程教学相结合的教学模式，注重学生技能培养和素质提升。

2. 翻转课堂教学法

线上与线下学习相结合，利用"优慕课""泛雅"等校园智慧教学云平台和现代信息技术，提高学生学习的主动性。

3. 案例研讨法

选取企业典型、真实案例进行教学，采取开放式讨论，以培养和提高学生的思辨能力和创新思维。

4. 参观教学法

组织或指导学生到旅游企业实地观察、调查、研究和学习。参观结束后,整理参观笔记,写出书面参观报告,将感性认识升华为理性知识。

5. 理论讲授法

对课程重点和难点,可以采取理论讲授法,以帮助学生理解,激发学生的学习兴趣。

(五)学习评价

学生的学习评价可分为知识学习与实践技能两方面。知识学习质量评价包括每学期学习过程中的课堂出勤率及作业完成情况,实践技能质量评价有项目能力评价、项目绩效评价、实习综合评价、企业评价等。

在学习评价中,考核重点要由知识记忆向知识运用转变,由单纯的理论考试转为理实一体化考核。评价主体要实施学校、企业、第三方等多元参与的形式,引入过程评价机制、企业参与评价机制、职业技能鉴定机制和用人单位评价机制,保证和提高教学质量。

(六)质量管理

(1)学校和二级学院应建立专业建设和教学质量诊断与改进机制,健全专业教学质量监控管理制度,完善课堂教学、教学评价、实习实训、毕业设计以及专业调研、人才培养方案更新、资源建设等方面质量标准建设,通过教学实施、过程监控、质量评价和持续改进,达成人才培养规格。

(2)学校和二级学院应完善教学管理机制,加强日常教学组织运行与管理,定期开展课程建设水平和教学质量诊断与改进,建立健全巡课、听课、评教、评学等制度,建立与企业联动的实践教学环节督导制度,严明教学纪律,强化教学组织功能,定期开展公开课、示范课等教研活动。

(3)学校应建立毕业生跟踪反馈机制及社会评价机制,并对生源情况、在校生学业水平、毕业生就业情况等进行分析,定期评价人才培养质量和培养目标达成情况。

（4）专业教研组织应充分利用评价分析结果有效改进专业教学，持续提高人才培养质量。

十、毕业要求

学生通过规定修业年限的学习，修满专业人才培养方案所规定的学分，达到专业人才培养目标和培养规格的要求以及《国家学生体质健康标准》相关要求，准予毕业，颁发毕业证书。

（一）学分要求

本专业按学年学分制安排课程，学生最低要求修满总学分130学分。

必修课要求修满104学分，占总学分的80%。

其中：公共基础课要求修满33学分，占总学分的25.38%；专业课要求修满71学分，占总学分的54.62%。

选修课要求修满26学分，占总学分的20%。

其中：公共基础课（含公共艺术课）要求修满16学分，占总学分的12.31%；专业课要求修满10学分，占总学分的7.69%。

允许学生通过学分认定和转换获得学分，具体认定和转换办法见《广州番禺职业技术学院学分认定和转换工作管理办法（试行）》。

（二）体能测试要求

体能测试成绩达到《国家学生体质健康标准（2014年修订）》要求。测试成绩按毕业当年学年总分的50%与其他学年总分平均得分的50%之和进行评定，成绩未达50分者按结业或肄业处理。

十一、附录

酒店管理与数字化运营专业（三年制）学时学分比例见表3-19。

表 3-19 学时学分统计表

课程类别		小计		小计		备注
		学时	比例	学分	比例	
必修	公共基础课	704	27.91%	33	25.38%	
	专业核心课	364	14.43%	20.5	15.77%	
	专业群平台课（专业基础课）	272	10.79%	15	11.54%	
	专业综合技能（含实践）课	866	34.34%	35.5	27.31%	
选修	公共选修课	136	5.39%	16	12.31%	
	专业拓展课	180	7.14%	10	7.69%	
合计		2522	100%	130.0	100%	
理论实践比	理论教学	1068.0	42.35%			
	实践教学	1454.0	57.65%			
合计		2522.0	100%			

第三节 部分数字化运营相关课程标准

"酒店营销实务"课程标准

一、课程定位

1. 课程性质

本课程是酒店管理专业开设的专业核心课程；属于必修课。

2. 课程作用

本课程能帮助学生树立以顾客为中心的营销观念，具备双赢的沟通合作与数字营销思维，在实践中能以市场为导向，关注顾客的需求，做好销售拜访、酒店渠道管理、价格控制、促销策划、营销计划制定等，从而为毕业后从事酒店业相关工作奠定基础。

3. 课程衔接

在课程设置上，前导课程有商务礼仪、前厅与客房管理、黄金服务、酒店管理信息系统应用、酒店实用英语；后续课程有酒店督导管理、餐饮经营管理、旅游新媒体、酒店管理沙盘模拟实训等。

二、教学设计思想

本课程以酒店营销的工作为载体，与企业合作开发 8 个典型的工作情境（除模块一为理念树立与部门介绍外）作为学习模块；根据数字营销岗位（群）工作任务要求，结合课程在人才培养方案中的地位和作用（本课程为数字营销系列的第二门课程），确定本课程教学目标，选取教学内容；本课程采用行动导向教学模式；基于混合式教学理念组织教学，坚持以学生为中心，真正做到教、学、做、评融为一体，并有机融入思政元素。

三、教学目标

通过本课程的学习，应使学生能够具备营销理念；比较全面系统地掌握营销的基本理论、知识与技能；让学生熟悉并掌握营销相关岗位的要求与职责、各工作任务具体的工作过程，并具备完成上述工作任务的能力。具体目标包括：

知识目标

（1）理解酒店营销的内涵、职能与部门分工。

（2）理解营销环境的内涵与SWOT分析法。

（3）理解市场细分、目标市场选择、市场定位的内涵与方法。

（4）熟悉酒店常见的细分市场及其各市场消费行为特点。

（5）理解酒店产品的内涵。

（6）掌握酒店产品的定价方法，理解酒店产品的定价策略。

（7）熟悉销售拜访的基本流程与注意事项。

（8）熟悉酒店常见的销售渠道类型。

（9）熟悉酒店常见的促销方式。

（10）理解公关危机的内涵及处理原则。

（11）了解营销计划的内涵。

能力目标

（1）能牢固树立正确的营销观念与数字营销思维并用于指导行动。

（2）能熟悉利用SWOT方法分析酒店业的营销环境。

（3）能进行酒店顾客购买行为分析并撰写调研报告。

（4）能具备细分市场的意识并能根据酒店各细分市场的特点展开销售拜访业务。

（5）熟悉掌握酒店产品定价的方法、策略，初步具备收益导向下的动态定价能力。

（6）能够选择合适的数字化工具进行酒店广告宣传策划与发布。

（7）能处理好与 OTA 的关系。

（8）能够妥当地处理酒店的公关危机。

（9）能够编制酒店的营销公关计划。

素质目标

（1）构建双赢的意识与思维。

（2）养成诚信待客、诚信工作的基本道德。

（3）具备保护客人隐私的意识。

（4）具备吃苦耐劳的精神。

（5）构建自我激励、解决问题的思维。

（6）具有独立思考，运用理论知识分析问题、解决问题的能力。

（7）具备良好的团队合作精神。

（8）具有制订工作计划并予以实施、协调、总结、归纳的能力。

四、课程内容和教学安排

表 3-20 教学内容和教学安排表

序号	单元名称（工作任务、教学单元或模块）	教学内容	教学要求（按知识、能力、素养（含课程思政）三方面进行描述）	参考理论课时	参考实践课时
1	模块一 营销与酒店营销部认知	（1）营销是什么 （2）营销从哪开始 （3）酒店营销部的基本职能 （4）酒店营销人的素质要求 （5）营销基本理论（4P、4C、4PC、长尾、MOT 等	知识：理解营销的内涵；理解营销以顾客为中心的理念；熟悉酒店营销部的构成与职能；了解酒店营销人的素质要求；营销各阶段基本理论 能力：能构建酒店营销部的组织结构图 素质：养成爱岗敬业的工作态度；养成双赢的基本思维	8	0

续表

序号	单元名称（工作任务、教学单元或模块）	教学内容	教学要求（按知识、能力、素养（含课程思政）三方面进行描述）	参考理论课时	参考实践课时
2	模块二 调研酒店市场	（1）营销环境与SWOT分析 （2）消费者行为分析 （3）调研	知识：理解营销环境的内涵 能力：能应用SWOT分析法进行营销环境分析；能进行消费者行为调研 素质：养成爱岗敬业的工作态度；树立数据决策、科学分析的意识；养成团队合作的精神	4	2
3	模块三 确定STP营销战略	（1）市场细分 （2）目标市场选择 （3）市场定位	知识：理解市场细分的内涵；理解目标市场的内涵与选择方法；理解市场定位的内涵与方法 能力：能分析某个酒店品牌的STP战略 素质：养成爱岗敬业的工作态度；掌握收集资料、分析资料的方法	4	0
4	模块四 制定客房基础房价	（1）价格制定要考虑的因素 （2）客房基础房价制定的方法	知识：了解价格制定要考虑的因素；理解客房基础房价制定的方法 能力：能根据给定的资料进行客房基础房价制定 素质：养成爱岗敬业的工作态度；培养学生科学决策的意识	2	2
5	模块五 开拓酒店客源	（1）酒店产品 （2）酒店协议客户开发与维护 （3）酒店商务拓展 （4）宴会市场拓展	知识：熟悉客户拜访的流程；理解客户拜访的注意事项；了解商务拓展的内涵；理解酒店产品的涵 能力：能完成酒店协议客户的开发与维护；能完成酒店商务拓展；能开拓酒店宴会市场 素质：养成对客户隐私保护的意识；养成个性化服务的意识；养成爱岗敬业的工作态度；具有吃苦耐劳的精神	4	4
6	模块六 管理酒店销售渠道	（1）酒店渠道的类型 （2）直销渠道建设（标签、营销自动化、商城） （3）酒店OTA运营	知识：熟悉酒店渠道的类型；理解酒店直销渠道建设的注意事项；理解酒店电商运营的基本原理 能力：具备渠道管理的基本思维，能妥善处理与OTA的关系；能进行标签设置与营销自动化设置；能进行微信商城设置 素质：养成对客户隐私保护的意识；养成团队合作的精神；具备双赢的思维	4	8
7	模块七 策划酒店促销活动	（1）常见促销手段（传统与新媒体概述） （2）促销日历编制	知识：熟悉促销的类型与手段；理解促销方案的策划要点 能力：能应用新媒体开展促销活动 素质：养成团队合作的精神；养成诚信对客、诚信工作的基本道德	1	3

续表

序号	单元名称（工作任务、教学单元或模块）	教学内容	教学要求（按知识、能力、素养（含课程思政）三方面进行描述）	参考理论课时	参考实践课时
8	模块八 实施酒店公关活动	（1）酒店公关主要内容 （2）公关危机处理	知识：了解酒店公关的主要工作内容；理解酒店公关的内涵；理解公关危机处理的原则与方法 技能：能处理公关危机 素质：养成对客户隐私保护的意识；养成个性化服务的意识；具备关爱客人的服务理念；养成诚信对客、诚信工作的基本道德	2	2
9	模块九 编制酒店营销计划	营销计划编制要点	知识：了解营销计划的构成 技能：能编制营销计划 素质：具备科学分析的思维与意识	1	1

五、教学重难点

1. 教学重点及处理方法

教学重点为模块二至模块六。

处理方法：采用混合式教学，提供教学视频供同学们事先观看，课堂上补充讲解—案例分析—小结的方式展开教学过程。

2. 教学难点及处理方法

教学难点为模块一、模块二至模块六，模块八。

其中模块一理念如何真正接受并转化为行为的指南，这部分解决方法主要是多讲案例，教师身体力行，在与学生的接触中用行动示范。

其余模块操作层面的经验，如何能使学生成功内化，首先，多讲案例；其次，采用情境模拟的方式；最后，条件许可引入真实企业项目实践，或邀请企业人士前来指导。

六、教学策略

1. 教学模式

采用混合教学模式（部分单元），配合线上教学资源进行线上线下翻转课堂教学。

2. 教学方法

课程教学方法的改革以调动学生的积极性为核心。本课程结合旅游类课程的特点,适应高职高专的要求,应采取灵活多样的教学方法,把教师讲授与指导学生自学结合起来。

主要教学方法包括:

(1)课堂讲授法:教师通过口头语言,以讲述、讲解、讲读、讲演的方式,向学生描绘情况、叙述事实、解释概念、论证原理和阐明规律的教学方法。

(2)沙盘推演法:通过沙盘案例(真实业务情境)推演,同学们自主学习,更好地理解营销理论。

(3)实验法:通过数字营销实验,模拟数字营销的各项操作,学生自主或团队合作完成任务,掌握标签设置、营销自动化等设置操作,理解数字营销的逻辑。

(4)实地调查法:可以让学生在课余时间外出调研不同的餐饮或酒店,了解市场与顾客购买行为。

(5)竞赛法:采取小竞赛的方式吸引并激励学生自主摸索,与酒店数字营销竞赛结合,践行"岗课赛证"。

(6)情境模拟法:以小组为单位编写剧本,充分调动所学知识,设计情境进行模拟。

教学过程中教师应积极引导学生提升职业素养,提高职业道德,达到知识、技能和态度的有机统一,教师应注意培养学生的探索能力。

学习方法:课前预习教材,观看教学视频,课中在教师辅导下进行任务操作,不明处查看视频,课后完成相应思考题。

3. 教学手段(突出信息化手段应用)

超星教学资源库,课件、教案、任务单、数字营销教学资源与实训系统、沙盘等。

4. 课程思政实施策略

在讲课中,结合具体内容融入细微服务、诚信服务、保护客人隐私、关爱客人、"100-1=0"的精益服务理念。

七、教学组织与实施

课程组织与实施分为课前、课中与课后三部分,总体上采用翻转课堂教学理念。具体实施各环节如下:

(1)课前预习教材,观看线上讲解视频,解决基本理论的讲解。

(2)课中在教师辅导下进行知识点深入探索、课堂小任务操作,案例研讨。

(3)课后以小组为单位,结合企业的项目,实施相应的任务。

八、教材及课程资源

1. 教材及教学参考书

(1)教材:《酒店营销实务》张萍等编著,福建人民出版社。

(2)参考书:《酒店数字营销》黄昕等编者,华中科技大学出版社;《酒店营销部精细化管理与标准化服务》李雯编著,中国工信出版集团。

2. 教学资源

(1)建设用于本课程教学的学习纲要、教学视频、教案、任务单等。

(2)有条件采购酒店营销的信息系统辅助教学演示。

(3)建设一定的视频资源库,方便学生学习。

3. 教学实施条件

多媒体教室、机房。

九、课程评价

强调教学全过程数据采用及过程评价。

(1)本课程实施全过程、多维度、多种形式、多考核点评价。教学过程中各考核点的多次考核成绩按不同权重进行加权平均计算,所得结果为最终期评成绩;平时课堂表现成绩根据学习通数据导出。

(2)考核层面包括了课堂表现评价、课堂练习质量评价、实践操作质量评价等。

（3）评价主体采用学生自评、组员互评和教师评价相结合的形式。

"美团电商项目"课程标准

一、课程定位

1. 课程性质

本课程是酒店管理专业开设专业技能课、必修课。

2. 课程作用

传统酒店在营销过程中大多以传统营销为主，进入互联网新经济时代，酒店经营者更多通过互联网进行线上营销，酒店之间的竞争方式也发生了新的变化。

酒店数字化营销可以说是酒店经营者对自身运营能力重新衡量的一个标准，在数字化信息日益增长的环境下，营销渠道多样化程度加剧，线上渗透率越来越高，在酒店电商运营中的比例也变得越来越重，数字营销不仅是如今酒店电商宣传的有效手段，同时也对酒店经营发展策略、管理方式等多方面都产生了影响。在平台数字化营销背景之下，酒店商家要想得到良好的发展，提升酒店的曝光量、浏览量、支付转化率、酒店的口碑以及市场竞争能力，需要对酒店营销模式等多方面进行创新与学习，同时还需要较高素质的数字化人才，这也是数字化营销给当代酒店带来的挑战。

基于酒店行业对高素质的数字化人才需求，为了让酒店管理专业学生在校学习期间，能够掌握酒店电商数字化运营的方法，提高学生全面综合素质，提升就业竞业能力，特地开设美团电商项目。

3. 课程衔接

在课程设置上，前导课程有酒店前厅与客房管理、酒店管理信息系统应用，后续课程有酒店营销实务、酒店收益管理、旅游新媒体、酒店管理沙盘模拟实训、餐饮经营管理、酒店基层督导业务、管理基础与实务、酒店实用英语等。

二、教学设计思想

本课程以酒店电商线上运营项目为载体,与美团合作开发。根据酒店业数字营销岗位工作任务要求,确定本课程为酒店数字营销的入门课,让学生以实践的方式学习,了解OTA实操方法,对酒店数字营销有个基本的认知,为后续深入了解酒店营销以及收益管理奠定基础。本课程采用案例教学的教学模式;基于混合式教学理念组织教学,坚持以学生为中心,真正做到教、学、做、评融为一体,让应届毕业生在择业、就业方面具有较强的竞争力。

三、教学目标

通过本课程的学习,使学生能够对酒店电商运营能够全面、系统地了解,酒店电子商务平台功能模块、平台实战攻略,结合所学到的知识运用到酒店电子商务平台实战操作。

知识目标

(1)了解美团电商平台功能模块。

(2)了解美团电商的平台规则。

(3)了解酒店收益管理系统(RMS)的使用方法。

(4)了解美团电商平台的专用术语。

能力目标

(1)能够根据教学目标独立修改/完善酒店介绍。

(2)能够根据教学目标独立参与平台活动。

(3)能够根据教学目标独立进行房态管理。

(4)能够根据教学目标独立进行酒店基本信息的优化。

(5)能够根据教学目标独立修改酒店引流地址。

(6)能够根据教学目标独立设置房型价格体系。

(7)能够根据教学目标独立进行评价管理。

（8）能够根据教学目标掌握电商平台流量的分发路径。

（9）能够根据教学目标独立掌握电商平台付费流量的使用方法。

（10）能够根据教学目标独立掌握电商平台免费流量的使用方法。

四、课程内容和教学安排

表 3-21　教学内容和教学安排表

序号	单元名称（工作任务、教学单元或模块）	教学内容	教学要求（按知识、能力、素养（含课程思政）三方面进行描述）	参考理论课时	参考实践课时
1	酒店业电子商务运用	（1）酒店电子商务概述（2）不同电商平台的分析（3）电子商务在酒店当中的运用（4）美团酒店平台介绍	知识：了解国内主流电商平台能力：掌握不同电商平台用户预订酒店产品的逻辑素养：具备数字化运营决策的思维；具备诚信经营的理念		4
2	美团 EB 后台功能模块介绍	（1）美团酒店平台介绍（2）美团 EB 后台的功能模块（3）美团 EB 后台的使用步骤	知识：掌握美团 EB 后台各功能模块释义能力：掌握美团 EB 后台各功能的使用方法素养：具备数字化运营决策的思维；具备诚信经营的理念		4
3	电商平台实战攻略（一）	（1）电商平台规则（2）后台操作（3）信息优化（4）HOS 体系解读	知识：了解电商平台的规则；掌握 HOS 指数 11 项基础分指标能力：掌握信息优化的三个板块内容素养：具备数字化运营决策的思维；具备诚信经营的理念		4
4	电商平台实战攻略（二）	（1）预订管理（2）房态管理（3）基础信息及图片优化	知识：掌握预订订单的管理方法；掌握房态管理能力：掌握客房产品预订改价；掌握酒店基础信息方法；掌握酒店图片信息优化方法素养：具备数字化运营决策的思维；具备诚信经营的理念		4
5	电商平台实战攻略（三）	（1）排名、流量与转化率解析（2）公明收益产品介绍（3）点评管理（4）财务管理（5 促销玩法	知识：了解公明收益 RMS 的功能内容；了解财务对账方法能力：掌握排名、流量的分发逻辑；掌握评价管理的 10 个技巧；掌握评价管理的七项注意；掌握自助促销与活动报名的运用方法素养：具备数字化运营决策的思维；具备诚信经营的理念		4

续表

序号	单元名称 （工作任务、教学单元或模块）	教学内容	教学要求 （按知识、能力、素养（含课程思政）三方面进行描述）	参考理论课时	参考实践课时
6	平台实战操作	后台功能模块实操演练	能力：后台功能的实操练习 素养：具备数字化运营决策的思维；具备诚信经营的理念		4
7	在营酒店项目运营辅导	诊断酒店项目问题，出具诊断建议书	能力：诊断酒店项目问题，出具诊断建议书 素养：具备数字化运营决策的思维；具备诚信经营的理念		4
8	综合实践及考试	（1）学生具体门店的实践及运营 （2）线上结课考试	知识：本课程内容总结 能力：综合运用知识的能力 素养：具备数字化运营决策的思维；具备诚信经营的理念；具备团队合作的意识		4

五、教学重难点

1. 教学重点及处理方法

教学重点为介绍美团酒店商家后台的功能模块，学生在掌握基础知识点后对门店信息优化、流量获取、市场策略运用、行业认知等。

2. 教学难点及处理方法

处理方法：采用讲解—案例演示—情境教学—实操—小结—撰写案例酒店诊断建议书。

六、教学策略

1. 教学模式

对有条件的课程，建议采用混合教学模式。

2. 教学方法

主要教学方法包括：

（1）课堂讲授法：教师通过口头语言，以讲述、讲解、讲读、讲演的方式，向学生描绘情况、叙述事实、解释概念、论证原理和阐明规律的教学方法。

（2）上机实操法：利用先进的酒店信息管理实训室，完成实现每位同学上机操练，探索式学习。

（3）团队学习法：在上机中，允许几位同学共同探讨，共同摸索，互相启发。

（4）实地调查法：可以让学生在课余时间外出调研不同的酒店，采用的信息管理系统。

（5）竞赛法：采取小竞赛的方式吸引并激励学生自主摸索。

（6）情境模拟法：以小组为单位编写酒店项目报告，充分调动所学所有知识，设计情境，融合软件操作。

教学过程中教师应积极引导学生提升职业素养，提高职业道德，达到知识、技能和态度的有机统一，教师应注意培养学生的探索能力。

学习方法：课前预习教材，课中在教师辅导下进行任务操作，不明处查看视频课程，课后完成相应思考题。

3. 教学手段

课程教学方法采用理论＋分组教学的方式，以基础知识＋实操项目为核心。本课程结合目前酒店电商线上运营的特点，契合数字化人才培养方向，适应高职高专酒店管理专业未来就业方向，将教师丰富的行业经验分享给学生，通过讲授、案例、分组教学、项目实操、项目报告撰写结合起来。

4. 思政课程实施策略

基于酒店行业对高素质的数字化人才需求，在此背景下，为了让酒店管理专业学生在校学习期间，能够掌握酒店电商数字化运营的方法，提高学生全面综合素质，提升就业竞业能力。

七、教学组织与实施

课前预习教材，观看语音课程／视频课程，课中在教师辅导下进行小组任务操作。

八、教材及课程资源

1. 教材及教学参考书

（1）教材：《平台酒店商家运营攻略》陈亮、郭庆编著，人民邮电出版社，2017年第1版。

（2）教学参考书：《酒店OTA平台运营增长指南》携程大住宿团队编著，人民邮电邮版社，2020年第1版。

2. 教学资源

（1）建设用于本课程教学的学习纲要、语音/视频内容，教案，课件等。

（2）即时更新相关系统与设备。

（3）建设一定的视频学习资源库，方便学生自主学习。

3. 教学实施条件

多媒体教室、机房。

九、课程评价

强调教学全过程数据采用及过程评价。

（1）本课程实施全过程、多维度、多种形式、多考核点评价。教学过程中各考核点的多次考核成绩按不同权重进行加权平均计算，所得结果为最终期评成绩；平时课堂表现成绩根据学习通数据导出。

（2）考核层面包括了课堂表现评价、课堂练习质量评价、实践操作质量评价等。

（3）评价主体采用学生自评、组员互评和教师评价相结合的形式。

"酒店收益管理"课程标准

一、课程定位

1. 课程性质
本课程是酒店管理与数字化运营专业开设的专业核心课程,属于必修课。

2. 课程作用
传统酒店在营销过程中大多以传统营销为主,进入互联网新经济时代,酒店经营者更多通过互联网进行线上营销,酒店之间的竞争方式也发生了新的变化,酒店在市场旺季时,常较早满房,酒店在市场平、淡季时常出现出租率不稳定,出租率较低等情况。在数字化信息日益发展的环境下,营销渠道多样化程度加剧,线上渗透率越来越高,数字营销不仅是现今酒店电商宣传的有效手段,同时也对酒店经营发展策略、管理方式等多方面都造成了影响。

基于酒店行业对高素质的数字化人才需求,本课程通过对数字化运营环境下酒店收益管理基础理论知识、收益管理策略、方法和技巧的教学,让学生充分掌握酒店收益管理的专业知识以及实操技法,掌握如何做好互联网线上营销,提升酒店的曝光量、浏览量、支付转化率、酒店的口碑以及市场竞争能力,帮助酒店如何在不通过追加投入成本的情况下,提升酒店营收。本课程有助于提升学生的数字化综合素质和跨界运营的能力,培养优秀的竞争力,满足行业数字化对人才的需求。

3. 课程衔接
在课程设置上,前导课程有酒店前厅与客房管理、酒店管理信息系统应用、美团电商项目、职业形象塑造等,后续课程有酒店营销实务、旅游新媒体、酒店管理沙盘模拟实训、餐饮经营管理、酒店基层督导业务、管理基础与实务、酒店实用英语等。

二、教学设计思想

本课程采用分组式项目教学法，以学生为中心，线下课程学习、与建立课后学习兴趣小组线上实践相结合。充分利用学校酒店数字营销实训室和校外实习酒店场所进行教学，讲授收益管理在不同行业中的运用。本课程采用了情境式教学方法，以学校食堂、理发店、航空业、影视业、电商业、纺织业、班会、寝室长会、社团活动等为案例，通过通俗易懂的讲授方法，引入并总结酒店收益管理知识。通过介绍酒店收益管理的由来、收益管理研讨会、收益策略竞争制衡竞对的六个关键、如何打造具有竞争力的价格体系、收益管理四率法则、借力法则等，结合所学的知识在课堂运用教学道具让学生参与其中，让教学内容呈现出来，让学生有所感、有所悟，学以致用，用之有效，确保"一个中心——以学生为中心、一个目标——有较强的竞业能力"的实现。

三、教学目标

通过本课程的学习，使学生能够对应用型酒店收益管理有全面、系统的了解，针对经济型酒店、公寓型酒店、主题型酒店以及单体酒店、连锁酒店在不同经营时期与不同工作情境中，有效运用收益管理提升酒店的经营管理水平，以实战操作为目标。

通过本课程的学习，学生将了解收益管理在不同行业的八个适用性内容；掌握收益管理的五个基本要素，并且能够运用在不同行业；掌握适用收益管理行业的企业（酒店）因经营或管理不善导致业绩下滑的原因的方法（学会制作工具表）；学会收集竞争对手的信息情报；掌握渠道评估的实操方法，酒店价格体系的优化方法；学会运用最佳可用房价之动态价格结构表；掌握预订进度如何评估涨价时机；掌握酒店数据运营可视化的方法。学会测算酒店运营回报率的数据逻辑；制作以周为单位统计酒店周出租率，并对统计数据进行分析；掌握三条价格线的内容及运用评估酒店价格的优劣势，进行针对性调整的方法；掌握每日流量观察与控制法；掌握四率法则的内容及运用；掌握借力法则的内容及运用；根据每日房态表数据，掌握分析酒店预定进度及增速；掌握日常运营的十六句问答；掌握收益管理实战的九个技法以及收益管理例会程序。在学习过程中，嵌入职业道德知识，培养学生诚信经营的意识。

四、课程内容和教学安排

表 3-22　教学内容和教学安排表

序号	单元名称（工作任务、教学单元或模块）	教学内容	教学要求（按知识、能力、素养（含课程思政）三方面进行描述）	参考理论课时	参考实践课时
1	收益管理概述	（1）收益管理的起源 （2）收益管理在行业中的八个适用性 （3）收益管理三个基础、五个要素 （4）如何让收益管理不追加投入前提下提高5%~10%的收益	知识：了解收益管理的起源 能力：掌握收益管理在行业的适用性；掌握提高业绩的分析方法 素养：具备收益管理运用的思维，培养学生诚信经营的意识	4	0
2	诊断经营问题	（1）第一次做经营顾问的经历 （2）毕业后我们跨界"打劫"（1-2） （3）经营问题诊断五个要素与出租率提升组合五个技法	知识：掌握经营问题诊断五个要素与出租率提升组合五个技法 能力：学会分析经营或管理不善导致业绩下滑的原因 素养：具备数字化运营决策的思维，具备诚信经营的意识	4	0
3	制定价格体系	（1）收益管理研讨会 （2）收益策略竞争制衡竞对的六个关键 （3）如何打造具有竞争力的价格体系（1-2）	知识：学习寻找客源与收集竞争对手情报的方法 能力：掌握收集竞争对手信息的方法 素养：为学生树立良好的竞争意识	4	0
4	应用收益四率法则	收益管理之四率法则（1-4）	知识：了解四率法则（拒单率、空置率、流失率、取消率） 能力：能根据不同的发展情况制定不同的销售策略 素养：培养学生的诚信经营意识和良好的竞争意识	2	2
5	应用收益借力法则	（1）收益管理之借力法则（1-2） （2）会议、宴会收益策略的规划与执行技法（1-2）	知识：了解借力法则 能力：掌握借力法则的思维导图；学会制作周销售数据并分析如何运用价格借力提升酒店收入 素养：培养学生的诚信经营意识和良好的竞争意识	2	2

续表

序号	单元名称（工作任务、教学单元或模块）	教学内容	教学要求（按知识、能力、素养（含课程思政）三方面进行描述）	参考理论课时	参考实践课时
6	分析收益数据	（1）收益管理之数据可视化有效指导九个收益实战技法制定 （2）收益管理之九个实战技法有效提高酒店营收—实操游戏（1-3）	**知识**：了解数据可视化法则 **能力**：学会制作数据可视化表格，能根据表格提供经营管理建议 **素养**：培养学生的诚信经营意识和良好的竞争意识	2	2
7	建设收益管理体系	（1）收益管理常见的八个认知误区解析 （2）收益管理之收益团队搭建三步法 （3）我是这样开卓有成效的收益管理例会 （4）收益管理人才职业发展前景	**知识**：了解收益管理常见的8个认知误区 **能力**：学会搭建收益团队 **素养**：培养学生的诚信经营意识和良好的竞争意识	2	2
8	项目实战	学生在酒店项目的实践及结课考试	**知识**：掌握收益管理的基本知识 **能力**：掌握综合运用收益管理知识的能力，具备收益管理基本定价能力，以及使用Excel函数/公式的能力 **素养**：培养学生的诚信经营意识和良好的竞争意识	0	4

五、教学重难点

1. 教学重点及处理方法

教学重点为以连贯性故事阐述的方式讲解收益管理在酒店工作情境中如何开展，容易理解，代入感较强，针对初学收益管理的学生对于数据化的统算、分析具有一定的难度。

2. 教学难点及处理方法

处理方法：采用知识点讲解—案例解析—情境教学—实操—小结

教师先对知识点进行讲解，通过案例分析，使学生对收益管理有更生动形象的认识。辅之情境教学，让学生能更好地感受收益管理的魅力，同时借助大量的实操，让学生动手操作，切实提高他们的收益管理能力。最后教师进行小结，在知识点、技能点上总结提炼，加深学生的印象。

六、教学策略

1. 教学模式

采用混合教学模式。

2. 教学方法（含学习建议）

课程教学方法采用理论+真实案例酒店实训教学的方式，以基础知识+实操项目为核心，契合数字化人才培养方向，适应高职高专酒店管理专业未来就业方向，将教师丰富的行业经验分享给学生，通过课程讲授、分析案例、分组教学、项目实操、项目报告撰写结合起来。主要教学方法包括以下几种：

（1）课堂讲授法：教师通过口头语言，以讲述、讲解、讲读、讲演的方式，向学生描绘情况、叙述事实、解释概念、论证原理和阐明规律的教学方法。

（2）上机实操法：利用先进的酒店信息管理实训室，实现每位同学上机操练，探索式学习。

（3）团队学习法：在上机中，允许几位同学共同探讨，共同摸索，互相启发。

（4）实地调查法：可以让学生在课余时间外出调研不同的酒店，所采用的信息管理系统。

（5）竞赛法：采取竞赛的方式吸引并激励学生自主摸索。

（6）情境模拟法：以小组为单位编写酒店项目报告，充分调动所学知识，设计情境，融合软件操作。

教学过程中教师应积极引导学生提升职业素养，提高职业道德，达到知识、技能和态度的有机统一，教师应注意培养学生的探索能力。

学习建议：课前预习教材，课中在教师辅导下进行任务操作，不明处查看视频课程，课后完成相应思考题。

3. 教学手段（突出信息化手段应用）

（1）建设网络课程资源库，将学习纲要、教案、课件、任务单等上传至网络平台，供学生课前预习、课中学习、课后复习。

（2）借助超星平台开展教学，记录学生的学习痕迹，形成"档案袋式评价"。

4. 课程思政实施策略

（1）通过对收益管理知识、技能的讲解，使学生能够在不同的阶段为酒店制定不同的收益管理策略，提高酒店的竞争力，培养学生良好的竞争意识。

（2）通过对收益管理知识的了解，培养学生的团队合作精神以及诚信经营的意识。

七、教学组织与实施

课前预习教材，观看语音课程/视频课程，课中在教师辅导下进行小组任务操作。

八、教材及课程资源

1. 教材及教学参考书

（1）教材：《收益管理——有效降低空置率，实现收益翻番》，陈亮、郭庆主编，人民邮电出版社，2018年10月第1版。

（2）教学参考书：《收益管理——收入突破增长困境，提高酒店营收水平》，陈亮、郭庆主编，人民邮电出版社，2020年1月第1版。

2. 教学资源

（1）建设用于本课程教学的学习纲要、语音/视频内容，教案，课件等。

（2）即时更新相关系统与设备。

（3）建设一定的视频学习资源库，方便学生自主学习。

3. 教学实施条件

多媒体教室、机房。

九、课程评价

强调教学全过程数据采用及过程评价。

（1）本课程实施全过程、多维度、多种形式、多考核点评价。教学过程中各考核点的多次考核成绩按不同权重进行加权平均计算，所得结果为最终期评成绩；平时课堂表现成绩根据学习通数据导出。

（2）考核层面包括了课堂表现评价、课堂练习质量评价、实践操作质量评价等。

（3）评价主体采用学生自评、组员互评和教师评价相结合的形式。

"酒店管理信息系统应用"课程标准

一、课程定位

1. 课程性质

本课程是酒店管理与数字化运营专业开设的专业核心课程，属于必修课。

2. 课程作用

本课程能帮助学生在技术和方法上适应现代酒店管理信息化的实践需要。其教学目的是使酒店管理专业的学生了解酒店信息化的发展及其趋势；掌握常见的酒店PMS操作软件的实操方法，从而能更深刻地了解酒店相关业务，并能体会到同类软件设计和使用的一般规律；在了解前厅与客房相关业务流程的基础上，能综合运用沟通技巧、信息化知识、问题解决能力、数字计算能力等技巧为客人办理预订、接待、客人服务和结账退房等业务，从而为毕业后从事酒店业相关工作奠定基础。

3. 课程衔接

在课程设置上，前导课程有商务礼仪、前厅与客房管理、酒店实用英语；后续课程有酒店营销实务、酒店督导管理、餐饮经营管理、旅游新媒体、美团电商项目、酒店收益管理、酒店管理沙盘模拟实训等。

二、教学设计思想

本课程以酒店接待任务为载体，与企业合作开发两个模块，其中模块一分为8个典型的工作情境作为学习情境；根据岗位（群）工作任务要求，结合课程在人才培养方案中的地位和作用，确定教学目标，选取教学内容；本课程采用行动导向教学模式；基于混合式教学理念组织教学，坚持以学生为中心，真正做到教、学、做、评融为一体，并有机融入思政元素。

三、教学目标

通过本课程的学习，使学生能够全面、系统地了解有关酒店前厅、客房、餐厅各项业务的流程以及在相关管理软件中的操作方法，在了解前厅与客房相关业务流程的基础上，能综合运用沟通技巧、信息化知识、问题解决能力、数字计算能力等技巧为客人办理预订、接待和结账退房等业务。具体目标包括以下几点：

知识目标

1. 了解高科技及信息化技术在酒店业的应用现状及趋势。
2. 熟悉客房预订、接待、结账、店内各项服务的基本服务流程。
3. 理解预订、接待、结账、店内各项服务标准。
4. 理解酒店接待（前台）与其他部门之间的联系，以及接待（前台）作为部门间沟通的枢纽作用。

能力目标

1. 能根据服务标准（标准服务流程和标准服务语言）情境模拟散客客房预订、接待、结账退房以及店内各项服务过程（使用 Opera 系统）。
2. 能灵活运用服务标准演示不同类型的客房预订（有担保、无担保、预订更改、预定取消、其他房型推销及其他情况预订）。
3. 能根据服务标准（标准服务流程和标准服务语言）情境模拟团队客房预订、接待、结账退房以及店内各项服务过程（使用 Opera 系统）。
4. 能与客人、同事和供应商保持良好的专业关系和沟通。
5. 能在入住和入住期间向客人介绍（推销）酒店服务和设施。
6. 能够在对客各项服务中调查客人需求，创新各项服务内容。
7. 能掌握信息系统应用软件设计的结构与操作的一般规律，并能独立摸索与应用其他同类管理软件。

素质目标

1. 具备关爱客人的服务理念。

2. 具备关注细微之处的服务意识。

3. 具备保护客人隐私的意识。

4. 具备 100-1=0 的服务理念。

5. 养成诚信对客、诚信工作的基本道德。

6. 具备信息检索的能力。

四、课程内容和教学安排

表 3-23　教学内容和教学安排表

序号	单元名称 （工作任务、 教学单元或 模块）	教学内容	教学要求 （按知识、能力、素养（含课程思政） 三方面进行描述）	参考 理论 课时	参考 实践 课时
1	模块一 酒店 PMS 应用					
1.1	Opera 基础	（1）Opera PMS 简介 （2）注册 （3）登录与退出	知识：熟悉 Opera 界面基本英文 能力：能成功进行用户注册、系统登录与退出 能应用快捷键进行操作	1	3
1.2	Profiles	（1）Profile 类型与作用 （2）Profile 基础功能及其操作 （3）Profile 进阶功能及其操作	知识：熟悉 Profiles 的类型与应用范围 理解客户档案对酒店经营管理的重要意义 理解 Profile 的界面名称及内涵 理解 Profile Options 各功能的内涵 能力：能熟练建立 Profile 能熟练建立公司 Profile 能完成 Profile 的各项进阶功能键操作 素质：养成对客户隐私保护的意识 养成个性化服务的意识	1	3
1.3	Reservation	（1）预订的基本流程与标准 （2）Reservation 的基础功能及其操作 （3）Reservation 的进阶功能及其操作	知识：熟悉客房预订的基本服务流程 理解预订各项服务标准 理解 Reservation 界面名称及内涵 理解 Reservation Options 各功能的内涵 能力：能熟练完成 Reservation 操作 能完成 Reservation 各项进阶功能键的操作	1	9

续表

序号	单元名称（工作任务、教学单元或模块）	教学内容	教学要求（按知识、能力、素养（含课程思政）三方面进行描述）	参考理论课时	参考实践课时
			能灵活运用服务标准演示不同类型的客房预订（有担保、无担保、预订更改、预订取消、其他房型推销及其他情况预订） 能根据服务标准（标准服务流程和标准服务语言）情境模拟散客客房预订（使用 Opera 系统） 素质：养成对客户隐私保护的意识 养成个性化服务的意识		
1.4	Front Desk	（1）Front Desk 各项业务的基本流程与标准 （2）Front Desk 前台接待的基础功能及其操作 （3）Front Desk 前台接待的进阶功能及其操作	知识：熟悉客房接待的基本服务流程（check in；walk in） 理解前台接待各项服务标准 理解 Front Desk 界面名称及内涵 理解 Front Desk 中 Options 各功能的内涵 能力：能熟练完成 Front Desk Check-in\Walk-in 等操作 能完成 Front Desk 各项进阶功能键的操作 能根据服务标准（标准服务流程和标准服务语言）情境模拟散客入住以及店内服务（使用 Opera 系统） 素质：养成对客户隐私保护的意识 养成个性化服务的意识 具备关注细微之处的服务意识 具备关爱客人的服务理念	1	9
1.5	Cashiering	（1）Cashiering 各项业务的基本流程与标准 （2）Cashiering 入账、转账、挂账、结账、账务调整等业务的操作	知识：熟悉各类账务处理的基本服务流程（入账、转账、挂账、结账、账务调整） 理解账务处理各项服务标准 理解 Cashiering 界面名称及内涵 理解 Cashiering 中 Options 各功能的内涵 能力：能熟练完成消费入账操作 能熟练完成结账离店操作 能完成 Cashiering 各项进阶功能键的操作 能根据服务标准（标准服务流程和标准服务语言）情境模拟散客结账离店及账务调整（使用 Opera 系统） 素质：养成对客户隐私保护的意识 养成个性化服务的意识 具备关注细微之处的服务意识 养成诚信对客、诚信工作的基本道德	1	9

续表

序号	单元名称 （工作任务、 教学单元或 模块）	教学内容	教学要求 （按知识、能力、素养（含课程思政） 三方面进行描述）	参考 理论 课时	参考 实践 课时
1.6	Room Management	Room Management 概述	知识：熟悉各类房型房态 理解客房服务质量的构成要素 理解 Room Management 界面名称及内涵 理解客房部经常使用的 Quick Keys 和 Reports 理解并掌握 Room Type 及 Room Status 英文 技能：能熟练查询客房信息 能熟练完成各类房态的变更 素质：养成对客户隐私保护的意识 养成个性化服务的意识 具备关注细微之处的服务意识 具备关爱客人的服务理念 养成 100-1=0 的服务意识	1	1
1.7	AR 与 End Of Day	（1）AR 的内涵及操作 （2）End of day 的内涵及操作	知识：理解应收账款的内涵与作用 熟悉酒店应收账款的业务流程 理解夜审的内涵与作用 理解 AR 界面名称及内涵 理解 End Of Day 界面名称及内涵 技能：能设立 AR 账户 能完成挂 AR 账的操作 能进行夜审操作 素质：养成诚信对客、诚信工作的基本道德 具备关注细微之处的服务意识	1	4
1.8	Blocks	（1）团队各项业务的基本流程与服务标准 （2）团队各项业务的操作	知识：理解 Block 界面名称及内涵 熟悉团队相关的业务的基本流程 理解团队业务的基本服务标准 技能：能进行 Blocks 预订 能进行 Blocks 入住 能进行 Blocks 入账与结账离店操作 素质：养成对客户隐私保护的意识 养成个性化服务的意识 具备关注细微之处的服务意识 具备关爱客人的服务理念 养成 100-1=0 的服务意识	1	8
2	模块二 酒店业信息化技术	（1）高科技在酒店业中的应用 （2）酒店各部门信息化技术	知识：了解高科技在酒店业中的应用现状与趋势 能力：具备信息检索的能力	2	2

五、教学重难点

1. 教学重点及处理方法

教学重点为模块一中各业务，学生综合应用前厅客房知识、沟通技巧、软件操作等。

处理方法：采用讲解—实操—小结—情境模拟的方式展开教学过程；配合教学视频供有需要的同学随时回看与巩固。

2. 教学难点及处理方法

全英界面；Options 中高阶功能的使用。

处理方法：不断提问与巩固已出现的英文，积少成多；功能学习上采用给出小任务，小组互帮互助，小组 PK，共同前进的方式展开；提供短视频，供暂时没能掌握的同学反复观看。

六、教学策略

1. 教学模式

采用混合教学模式（部分单元）。

2. 教学方法

课程教学方法的改革以调动学生的积极性为核心。本课程结合旅游类课程的特点，适应高职高专的要求，应采取灵活多样的教学方法，把教师讲授与指导学生自学结合起来。

主要教学方法包括：

（1）课堂讲授法：教师通过口头语言，以讲述、讲解、讲读、讲演的方式，向学生描绘情况、叙述事实、解释概念、论证原理和阐明规律的教学方法。

（2）上机实操法：利用先进的酒店信息管理实训室，实现每位同学上机操练，探索式学习。

（3）团队学习法：在上机中，允许几位同学共同探讨，共同摸索，互相启发。

（4）实地调查法：可以让学生在课余时间外出调研不同的餐饮或酒店，采用的信息管理系统记录。

（5）竞赛法：采取小竞赛的方式吸引并激励学生自主摸索。

（6）情境模拟法：以小组为单位编写剧本，充分调动所学知识，设计情境，融合软件操作。

教学过程中教师应积极引导学生提升职业素养，提高职业道德，达到知识、技能和态度的有机统一，教师应注意培养学生的探索能力。

学习方法：课前预习教材，观看教学视频，课中在教师辅导下进行任务操作，不明处查看短视频，课后完成相应思考题。每学完一个单元，以小组为单位进行情境设计与演示。

3. 教学手段（突出信息化手段应用）

超星教学资源库，课件、教案、任务单等。

4. 课程思政实施策略

在讲课中，结合具体内容融入细微服务、诚信服务、保护客人隐私、关爱客人、100-1=0 的精益服务理念。

七、教学组织与实施

课前预习教材，观看教学视频，课中在教师辅导下进行任务操作，不明处查看短视频，课后完成相应思考题。每学完一个单元，以小组为单位进行情境设计与演示。

八、教材及课程资源

1. 教材及教学参考书

（1）教材:《酒店管理信息系统》，张胜男等编著，华中科技大学出版社，2020 年第 1 版。

（2）参考书:《酒店管理信息系统》，章勇刚等编著，中国人民大学出版社，2019 年第 1 版。

2. 教学资源

（1）建设用于本课程教学的学习纲要、教学视频、教案、任务单等。

（2）即时更新相关系统与设备。

（3）建设一定的视频资源库，可将工作任务进行录制，方便学生学习。

3. 教学实施条件

机房，布署 Opera PMS。

九、课程评价

强调教学全过程数据采集及过程评价。

（1）本课程实施全过程、多维度、多种形式、多考核点评价。教学过程中各考核点的多次考核成绩按不同权重进行加权平均计算，所得结果为最终期评成绩；平时课堂表现成绩根据学习通数据导出。

（2）考核层面包括了课堂表现评价、课堂练习质量评价、实践操作质量评价等。

（3）评价主体采用学生自评、组员互评和教师评价相结合的形式。

"旅游大数据分析"课程标准

一、课程定位

1. 课程性质

本课程是旅游管理专业开设的专业综合技能课；是酒店管理专业选修课。

2. 课程作用

本门课程是酒店管理专业的数据分析技能的课程，主要包括信息技术在旅游领域专业知识的应用；旅游大数据的由来及数据分类；从分析视角介绍 UGC 数据、设备数据、事务性数据等内容；从管理、营销、服务等三方面对旅游大数据的行业应用和典型案例等内容分析。通过本课程的学习，让学生能够掌握旅游大数据的分析及应用方法，为旅游行业市场分析、预测提供全新视角和基础。

3. 课程衔接

在课程设置上，前导课程有酒店营销、美团电商项目、前厅与客房管理、酒店收益管理等课程；后续课程有调饮创客嘉年华、酒店数字化运营项目课程、顶岗实习与毕业调研等。

二、教学设计思想

本课程以满足数字经济和信息化技术高速发展环境下，旅游管理岗位对大数据分析技能的基本要求为原则，接轨旅游行业新业态，与大数据信息技术有机融合，将旅游大数据分析的基本方法、知识、工具与相关实际任务相结合，培养学生运用数据分析软件和知识对运营数据进行分析的能力。基于混合式教学理念组织教学，以培养实际应用能力为宗旨，坚持以学生为中心，真正做到教、学、做、评融为一体，并有机融入思政元素。

三、教学目标

通过本课程学习，使学生了解旅游行业新趋势、新业态，掌握旅游大数据的获取途径、数据分析及应用方法，并根据数据类型采用正确的数据分析方法，利用分析工具和软件，对旅游管理、营销和服务的典型案例进行分析，并通过合理的展示形式对数据进行展示，并撰写数据分析报告。培养具备诚实、守信、善于沟通与合作的品质，坚持公平竞争原则的旅游行业高素质复合型技术技能人才。课程具体学习目标包括：

知识目标

（1）了解旅游大数据的概念、发展及应用现状。

（2）掌握旅游图片数据的研究工具、分析方法及应用领域。

（3）掌握旅游文本数据的研究工具、分析方法及应用领域。

（4）掌握旅游设备数据的原理、分析方法及应用领域。

（5）掌握旅游事务数据的原理、分析方法及应用领域。

（6）掌握游客流量实时监测、游客行为分析、景区承载力监控的方法。

（7）掌握基于大数据的营销内容构建方法。

（8）掌握大数据时代的传播效果的评估方法。

（9）掌握基于 UGC 数据的旅游游前服务内容。

（10）掌握基于大数据和 AI 的游中服务内容。

（11）掌握基于口碑大数据的游客满意度分析方法。

能力目标

（1）能够运用多种信息渠道和工具，有针对性地收集、存储、管理各类数据。

（2）能够根据现有客户数据进行客户画像、客户细分和价值分析。

（3）能够根据现有运营数据进行销售、推广分析，开展精准营销和推广。

（4）能够根据流量数据和转化数据分析，支持企业战略目标制定与改进。

（5）能熟练应用智能办公软件（包括 Word、Excel、PPT 等），进行文字处理、表格制作、幻灯片制作、图形图像处理、简单数据库处理等。

（6）能够根据企业需求，编写数据分析报告，并进行可视化展示。

素质目标

（1）在旅游管理、营销、客户服务中，正确贯彻相关的政策法规惯例，确保企业和国家最佳经济效益。

（2）培养学生搜集信息、整理信息、发现问题和解决问题的能力和自主学习能力。

（3）培养学生的大数据战略思维与辩证分析问题的能力。

（4）培养学生的沟通、协作和组织能力，以及良好的团队精神和责任意识，胜任旅游相关的岗位群工作。

（5）培养学生的公平竞争意识。

四、课程内容和教学安排

表 3-24 教学内容和教学安排表

序号	工作项目	教学内容	知识目标要求	参考理论课时	参考实践课时
1	旅游大数据概述	旅游大数据概述	知识：了解本课程的目标、学习方法；了解旅游大数据及其发展与应用现状 能力：了解大数据运营人才招聘需求的知识和技能要求；能描述旅游大数据分析的重要作用 素质：了解数据运营相关岗位的要求，种下负责、细心、敬业等职业素质的种子	2	0
2	UGC数据-旅游图片	（1）旅游图片数据 （2）旅游图片数据分析工具与方法	知识：了解旅游图片数据；掌握旅游图片数据的研究工具与分析方法；掌握旅游图片数据的应用领域 能力：能正确解读旅游图片数据；能根据实际情况选择合适的旅游图片数据分析工具；能正确分析旅游图片数据 素质：树立科学数据观，尊重事实、实事求是；培养细心认真的职业操守	2	2
3	UGC数据-旅游文本	（1）旅游文本数据 （2）旅游文本数据分析工具与方法	知识：了解旅游文本数据；掌握旅游文本数据的研究工具与分析方法；掌握旅游文本数据的应用领域 能力：能正确解读旅游文本数据；能根据实际情况选择合适的旅游文本数据分析工具；能正确分析旅游文本数据 素质：树立科学数据观，尊重事实、实事求是；培养大数据战略思维与辩证分析问题的能力；培养自主学习能力	2	2
4	基于设备产生的数据	（1）GPS定位 （2）基站定位数据 （3）蓝牙定位数据 （4）Wi-Fi定位数据	知识：掌握 GPS 数据原理及分析方法；掌握基站定位数据原理及分析方法；掌握蓝牙定位数据原理及分析方法；掌握 Wi-Fi 定位数据原理及分析方法 能力：能够运用多种工具和渠道对设备数据进行收集；能够对设备数据进行分析 素质：培养大数据战略思维与辩证分析问题的能力；具备熟练的计算机与网络应用能力	2	2
5	事务数据	（1）搜索数据 （2）订单数据 （3）网页浏览行为数据	知识：了解搜索数据的特点，掌握数据分析方法；了解订单数据的特点，掌握数据分析方法；了解网页浏览行为数据的特点，掌握数据分析方法 能力：能够运用多种工具和渠道对事务数据进行收集；能够对事务数据进行分析 素质：培养学生的耐心与细心；培养学生用辩证思维分析问题的能力	2	2

续表

序号	工作项目	教学内容	知识目标要求	参考理论课时	参考实践课时
6	其他数据	（1）本地数据 （2）其他线上第三方数据	**知识**：了解交通数据、气象数据、基础部门数据等本地数据；了解互联网公司数据、社交软件、短视频、游戏、智能设备等数据 **能力**：能够运用多种工具和渠道对各类数据进行收集；能够对各类数据进行分析 **素质**：具有较强的数据收集能力；培养学生的沟通、协作和组织能力，以及良好的团队精神和责任意识	2	2
7	基于大数据的旅游管理	（1）旅游主管部门大数据应用 （2）景区大数据应用 （3）酒店大数据应用	**知识**：掌握游客流量实时监测、游客行为分析的方法；掌握景区游客流量实时监测、景区承载力监控的方法；掌握酒店口碑、动态定价的方法 **能力**：能够对游客流量进行实时监测、对游客行为进行分析；能够对景区游客流量进行分析；能够对酒店口碑数据进行分析 **素质**：培养学生全面思考问题和多角度分析问题的能力；具备自主学习能力	2	2
8	基于大数据的旅游营销	（1）用户画像 （2）基于大数据的营销内容智能构建 （3）基于大数据的传播渠道评估	**知识**：了解用户画像数据的概念及来源；掌握基于大数据的营销内容构建方法；掌握大数据时代的传播效果的评估方法 **能力**：能熟练获取用户画像数据；能够基于大数据构建营销方法；能够对数据传播进行有效评估 **素质**：具有较强的数据收集能力；树立风险意识	2	2
9	基于大数据的旅游服务	（1）基于UGC数据的旅游游前服务 （2）基于大数据和AI的游中服务 （3）基于口碑大数据的游后反馈机制	**知识**：了解基于UGC数据的旅游游前服务内容；掌握基于大数据和AI的游中服务内容；掌握基于口碑大数据的游客满意度分析方法 **能力**：能够基于UGC数据为游客制订游前计划；能够基于大数据和AI提升游客游览满意度；能够基于口碑大数据对游客满意度进行分析 **素质**：培养学生的大数据战略思维与辩证分析问题的能力；培养学生全面思考问题和多角度分析问题的能力	2	0

五、教学重难点

1. 教学重点及处理方法

教学重点：旅游图片数据、文本数据、设备数据、事务数据的分析工具及方法。

处理方法：案例剖析，通过真实典型案例将学生放在实践环境中，让学生借助实际案例的分析掌握旅游大数据的分析技能；创设情境，以任务引领方式进行旅游大数据分析。

2. 教学难点及处理方法

教学难点：基于大数据的旅游管理、营销及服务。

处理方法：通过线上线下相结合的方式，有针对性地进行教师引导、小组讨论、请专家进行论证等。

六、教学策略

1. 教学模式

本课程树立以学生为中心的教学理念，采用线上与线下相结合的混合式教学模式。线上为利用职教云软件，课前、课中和课后设置章节的任务，调动学生的自主学习积极性；线下为以相关理论为基础在课中进行讲解教学，并让学生参与到案例分析和案例情境中，突出学生主体地位。

2. 教学方法

在教学方法方面，主要采用案例教学、任务教学、项目设计相结合的综合教学方式，在教学过程中提倡团队合作学习，培养学生对课程和专业的兴趣，提高综合素质和职业技能。

3. 教学手段

旅游大数据系统、影像资料、考察实践。

4. 思政课程实施策略

强调开展旅游大数据分析的意义，要求热爱旅游事业，具有职业理想和敬业精神。

在旅游旅游图片数据、文本数据、设备数据、事务数据数据分析环节，融入"敬业""公正""平等"观，数据的收集与分析要细心和耐心，做好每一次的数据分析工作。

基于大数据的旅游管理、营销及服务环节，融入"积极探索""勇于创新"的科学精神，培养学生适应时代发展、不断探索、终身学习的能力。

七、教学组织与实施

（1）在教学组织方面，注重激发学生的学习兴趣和培养学生的自主学习能力，可通过聘请旅游企业兼职教师提供、设计一些实践中的具体项目，让学生获得真实的职业体验和职业道德教育，并以任务训练或案例讨论等形式让学生充分参与到课程中，激发学生的学习兴趣。

（2）在教学实施过程中，将理论性与实践性相结合，结合常用的系统和软件，让学生进行实际操作，将理论与实践相结合。整个教学过程，围绕单元教学目标，设计课前预习、预习检测、任务导入、知识梳理、模拟实践、总结评价、课后拓展等教学环节，借助信息化手段，提升课堂教学效果。

八、教材及课程资源

1. 教材及教学参考书

（1）教材：《旅游大数据：理论与应用》邓宁、牛宇著，旅游教育出版社，2019 第 1 版。

（2）教学参考书：自编讲义

2. 教学资源

（1）通过微课、视频、动画、课件的建设，不断更新和丰富教学内容，完善教学课件，增强教学的针对性和教学内容的先进性。

（2）建立课程的案例库和习题库，并根据行业的发展进行及时更新。

3. 教学实施条件

本课程需要在配备多媒体教学系统、旅游大数据系统的一体化实训室完成，实训室应配备：数据处理和制图软件，使之具备现场教学、实践教学的功能，实现教学与实训合一，满足教、学、做一体化的要求。

九、课程评价

旅游大数据分析与应用是专业综合技能课程，课程评价采用全方位、多主体、过程性及多元化评价方式，采取自我评价、小组评价、教师评价和社会评价等方法。建议使用 CIPP 课程评价模式，从目标检测、过程管理、成果评价、社会评估等方面进行系统评价。其中目标检测占比 40%，过程管理占 30%，成果评价占 20%，社会评估占 10%。

第四节　数字化人才培养实施保障

数字化人才的培养离不开实训条件的支撑，实训条件不仅要满足育人功能，还应该能承担社会服务、技能鉴定、技术研发等功能。专业与企业协同共建产教融合实训基地，构建了"项目引领、双创融合"的实践教学体系，还探索了构建"教技术、练任务、做项目、赛锤炼、创精进、证检验"源于岗位、终于岗位的实践人才培养闭环。

一、构建酒店管理专业产教融合实践基地

（一）基地功能定位

1. 面向粤港澳大湾区酒店及旅游业，培养能够从事数字时代以酒旅业服务、运营工作的高素质、复合型、创新型技术技能人才

酒店管理与数字化运营校内实践基地建有11个实训室，2个技能大师工作室，2个校企合作小精灵工作室，1个生产性实训酒店（国培中心），其基本情况如表3-25所示。

表3-25　基地实训室基本情况一览表

序号	实训场所名称	房号	面积	工位数	备注
1	礼仪实训室	102	360	90	
2	咖啡实训室	6314	95	50	小精灵校企合作工作室
3	茶艺实训室	6316	195	50	茶创大师工作室修业茶苑
4	调酒实训室	6318	110	50	
5	烘焙实训室	6317	100	31	
6	旅游与酒店信息实训室	6319	115	48	
7	酒店数字营销实训室	6414	95	54	小精灵校企合作工作室

续表

序号	实训场所名称	房号	面积	工位数	备注
8	旅游与酒店 ERP 实训室	6214	127	80	
9	导游综合实训室	6212	250	150	旅游管理大师工作室
10	旅行社综合实训室	6213	180	50	
11	国培中心（生产性实训室）	国培中心	10871	50	
合计			12498	703	

实训场所布局不仅符合企业服务场景，更是百变空间布局。各实训室场地符合规范，配备消防设备、监控设备等安全预警设备，基地参照酒旅企业合理布局——与实际服务场景接近或相同，能够满足安全教学要求。不仅如此，布局上多采用活动可组合桌椅，可以根据实际的业务场景进行灵活组合，变身为对客接待场所，创客项目组抑或是电商运营的工作空间。

酒店管理与数字化运营校内实践基地能开展酒店接待（PMS 应用）、美团电商项目、社群运营、旅游电子商务、酒店收益管理、茶品鉴与茶艺、咖啡品鉴与制作、葡萄酒品鉴与侍酒、导游接待、研学旅游策划等实践教学，为能从事数字时代酒店接待、餐饮服务、饮品调制与创新、酒店营销、基层督导管理、OTA 及旅游新媒体运营、收益提升、导游服务、研学旅游等工作提供必要的教学实践环境；即将开业的国培中心是校内建设的酒店，总建筑面积为10871 平方米，目前基建与装修基本竣工。国培中心为校内生产性实训基地，能满足真实对客服务场景下的技能训练与素质提升。基地这两类实训场所共同为粤港澳大湾区酒店及旅游业培养能适应技术革命和产业革命发展需要的高素质、复合型、创新型技术技能人才。

2. 联合龙头企业共建实践基地，面向校内外开展人才培训与鉴定服务

（1）依托广州旅游产业学院开展行业培训与鉴定

2020 年，基地与广州岭南国际企业集团有限公司（广州市现代服务业龙头企业和中国旅游集团 20 强，岭南集团旗下岭南酒店更是广州市重点发展产业链"链主"单位）联合签署了《产教融合战略合作协议》，挂牌成立了广州旅游产业学院；2022 年，双方共建双师培训基地，共同培养双师人才。同时将依托岭南集团职业技能等级认定中心（广州市社会培训评价中心）对行业员工开展技能等级鉴定。

（2）联合美团开展酒店业数字化人才培养

2019 年底，基地与全国互联网领先公司美团合作，成立美团大学美酒学院数字化人才培养番职实训中心，首批酒旅数字化人才培养"北极星计划"已经开班；2020 年至今，基地引入美团社群运营实战项目、OTA 运营与收益提升项目，聘请美团方讲师与专校教师共同指导实训。

3. 联合各社会评价机构开展职业技能等级证书、X 证书培训与鉴定工作

2020 年，基地与北京亲子猫合作开展研学旅游 1+X 证书培训与鉴定服务。2021 年，基地获批美团酒店收益管理人员（中级）X 证书、中国饭店协会酒店运营管理（中级）X 证书试点单位，已完成酒店收益管理 X 证书、酒店运营管理 X 证书培训及鉴定工作。2016 年至今，"修·业茶苑"工作室与番禺商会茶文化贸易促进会合作，开展茶艺师培训与技能鉴定 250 人次、茶文化与茶健康知识讲座 20 余场。

（二）与协会、企业共建技能大师工作室，共同开展技术攻关与咨询服务

基地与中国饭店协会、美团合作，开发餐饮运营管理、酒店运营管理、酒店收益管理 1+X 证书职业技能等级标准 3 项；与广东省旅游协会合作开发《民宿管家职业能力等级评定规范》《装配式建筑旅游营地建设与服务规范》《装配式建筑乡村民宿建设与服务规范》等标准 3 项。基地与美团合作成立美团酒店番职产学研中心；与番禺贸促会茶专委合作，共建茶创技能大师工作室；与广州市旅游协会合作，共建旅游管理技能大师工作室；与广州诸葛有限公司及米吉咖啡合作共建小精灵校企合作工作室 2 个。基地发明专利并承担企业委托横向项目多项。

（三）与商会企业联动搭建创新创业实践教育平台，开展创业实践孵化餐旅创业项目

基地以行业商会为依托，以传媒公司为技术支持，以学校社团为载体，为学生提供"商校驱动＋创业培训＋企业实践＋创业指导"的创业创新教育服务，以茶、酒、咖啡、餐饮店、文旅项目等为活动载体，为学生搭建创新创业平台。基地现共有国家级大学生实践项目1项，省级劳动基地项目2项，市级创新创业项目2项，校级2项，如表3-26所示。

表3-26 基地创新创业实践教育项目一览表

序号	名称	级别
1	农品优购APP——"乡村游"经济互联网服务平台	国家级（文旅部）
2	岭南工夫茶艺体验劳动教育	省级劳动基地
3	咖啡兴趣班劳动教育	省级劳动基地
4	大学生茶事创客训练营	市级创新创业项目
5	广州米吉咖啡校企协同精准培养项目	市级创新创业项目
6	"二师兄"守护神——养殖场生猪体温异常智能监测工作室	校级互联网＋大学生创新创业大赛
7	"睡得香"户外素质拓展及旅游体验活动	校级大学生创新创业训练计划

二、构建酒店数字化人才培养实践教学体系

基地紧跟行业需求，以本专业人才培养方案为依据，构建实践教学体系，探索能增强学生实践动手能力的教、学、做一体化教学模式的改革。同时，与行业协会、共同开发职业标准、新形态教材、共同开发课程与资源，共同保障本专业人才培养的质量。

（一）构建了工学结合的教学模式以及"项目引领、双创融合"的实践教学体系

基地围绕所服务的酒旅等现代旅游业职业岗位群，精准对接行业企业急需

的酒店数字营销、OTA及旅游新媒体运营、酒店收益、酒店接待等数字化运营岗位以及饮品调制与制作等岗位群人才需求，以产教协作下的"项目引领、双创融合"为导向搭建实践课程体系。实践课程体系项目实践与创新创业两手抓，课程设计逻辑遵循从服务到数字运营层层深入，从单项实践到综合实践层层递进的原则，如图3-6所示。

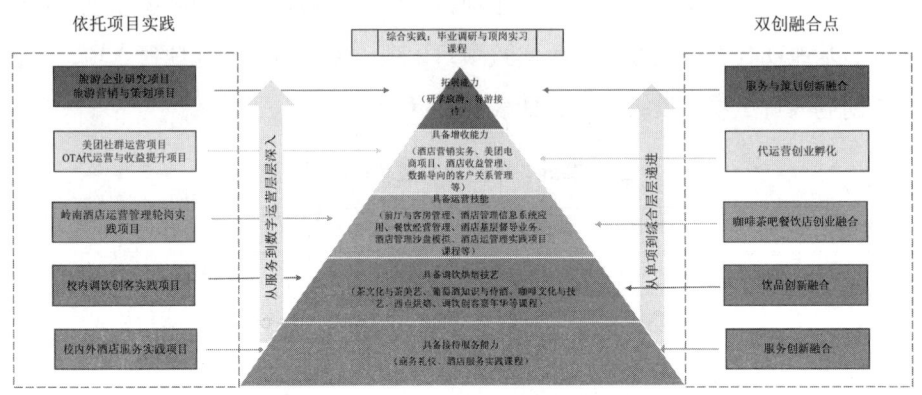

图3-6 "项目引领，双创融合"的专业实践课程体系

（二）构建"教技术、练任务、做项目、赛锤炼、创精进、证检验"源于岗位终于岗位的实践人才培养闭环

基地与国内龙头企业紧密合作，引入岭酒、美团等企业真实项目，构建"教技术、练任务、做项目、赛锤炼、创精进、证检验"源于岗位终于岗位的实践人才培养闭环，探索数字时代酒店管理专业实践人才的培养模式。该模式将创新创业教育融入全链条，项目的选择从"模拟企业小任务"——"企业真实实战项目"——"校园创业与孵化并行"三阶层层推进，由单项向综合，由技能演练到创业孵化，能更好地锻炼学生的服务、运营、增收与创业能力。此外，本模式还引进国家职业标准，组织与引导学生参加职业资格、X证书考试，分析学生对技能的掌握程度，反哺各项教学活动，并引荐学生到合作企业相应岗位工作，实现精准育人的人才闭环培养，专业实践教学模式如图3-7所示，典型职业岗位群教学模式实施解析图如3-8所示。

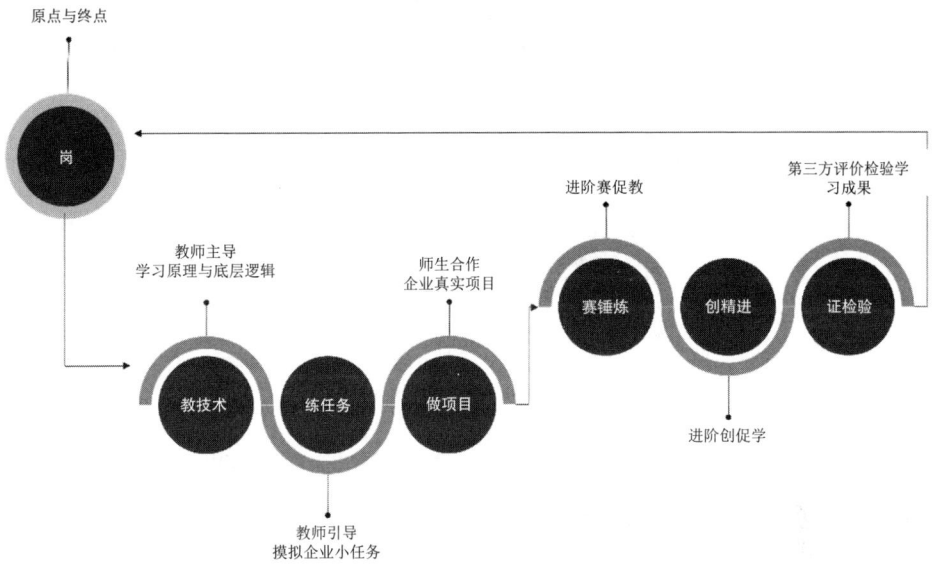

图 3-7 酒店管理与数字化运营实践教学模式

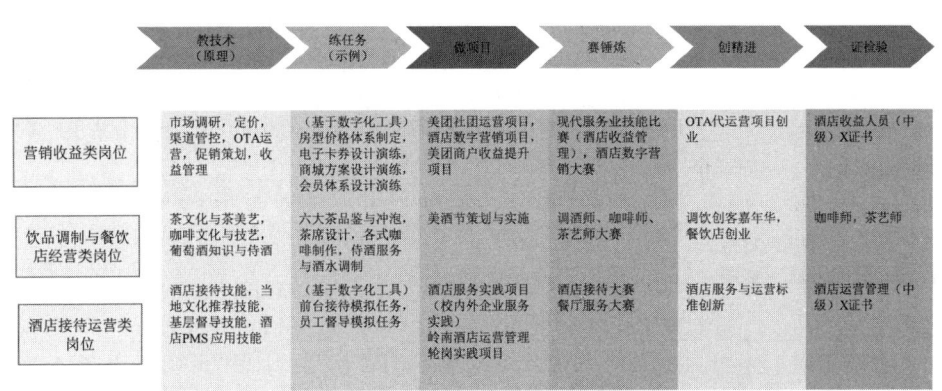

图 3-8 本专业典型职业岗位群实施上述教学模式的解析图

为了更好完成上述技术教学、任务练习与项目实践，团队紧密根据相关标准开发配套使用的新形态教材，制作学习视频作为实践教学的有力支撑；创设校内创业经营类课程"调饮创客嘉年华"以及产教融合实践项目多项。在校内外教师指导下，学生独立或以小组形式自主完成从信息收集、计划制订、任务实施、工作成果评价等完整的工作过程，学生在工作过程中获得综合职业知识，锻炼职业能力。以下为产教融合项目示例：

表 3-27　产教融合实践项目示例

与企业合作的项目名称	项目简介
项目 1："宿那"民宿淡季营销与策划	应广州市大学城"宿那"民宿企业的实际项目需求，本项目课程由项目小组成员分工合作，在教师的指导下，拟针对民宿淡季市场，从对广州大学城民宿认知、信息获取渠道、民宿价格、内容、定位等方面，由项目组成员设计市场调研问卷、完成市场调研、开发与设计"宿那"民宿淡季产品开发，撰写营销策划书，并在各大自媒体平台进行网络营销，提升"宿那"民宿的影响力
项目 2：广州奥园喜来登酒店季度市场推广策划	通过四个季度的市场推广计划，从婚宴市场、餐饮市场、客户端、会展形式四种类型、形式向学生传授真实工作形态下酒店行业如何进行市场推广，从市场调研、主题策划、流程策划、回顾、执行、总结六大环节让学生了解季节性的市场推广特点与知识点
项目 3：西樵山影视城数字化营销与运营	西樵山国艺影视城位于广东珠三角洲腹地，在西樵山景区的山脚下，建造了全实景建筑，是国艺影视城拍摄剧组指定接待酒店。本项目由问途公司（全国知名酒旅数字营销业务与教育、咨询业务）提供。主要体现团队协作、强化沟通、基于项目学习和系统综合的教学理念，以极强的实战性，要求学生主动学习、针对目标企业开展市场调研，利用所学专业知识自主设计并提供数字营销解决方案，满足真实存在的企业需求。学生不仅需要全程协助客户的工作、为客户提供服务，还需要将最终项目成果汇总和展现，接受教师、企业和学生的评价。每一组学生要求提交一份基于调研的专业咨询报告，并同步搭建好数字营销平台，最后进行成果汇报展示
项目 4：美团社群运营	应美团大学美酒学院要求，组建学生社群运营团队，负责美团大学美酒学院"助理酒店收益管理师"线上课程的社群运营管理。本项目旨在锻炼学生的社群运营 SOP 迭代及执行，提高社群活跃度及满意度，促进用户付费转化的技巧与能力
项目 5：广东省博物馆旅游路线策划与营销	本项目课程由项目小组成员分工合作，在教师的指导下，通过广东省博物馆旅游路线开展调研，策划旅游方案，撰写旅游攻略，拍摄旅游讲解视频，完成视频剪辑，并撰写图文并茂的营销推文发布于各大自媒体平台。本项目旨在锻炼学生的调研策划能力、推文撰写能力，提升营销技能，同时推广广府旅游文化
项目 6：醉云谷农场主题旅游产品营销与策划	应河源市和平县醉云谷的项目实际需求，本项目课程由项目小组成员分工合作，在教师的指导下，拟为河源市和平县醉云谷独立完成农场各类主题旅游产品的开发与营销，并由项目组成员设计市场调研问卷、完成市场调研、开发与设计主题旅游产品的开发与设计、针对亲子市场和研学旅行市场撰写主题旅游产品营销策划书、并在各大自媒体平台进行网络营销，打造旅游惠农、科教研学特色的一、二、三产业融合的精品农旅项目，助力乡村振兴战略
项目 7：珠江（夜）游产品营销与策划	应珠水文旅公司珠江（夜）游业务的实际项目需求，本项目课程由项目小组成员分工合作，在教师的指导下，拟针对大学生群体，对广州旅游、珠江（夜）游认知、信息获取渠道、旅游目的地价格和内容定位等方面的问题，并由项目组成员设计市场调研问卷、完成市场调研、开发与设计珠江（夜）游旅游产品的、针对大学生群体市场撰写珠江游旅游产品营销策划书，并在各大自媒体平台进行网络营销，打造能够体现广州文化、广州故事的特色的经典旅游项目，最大程度提升珠江游的品牌影响力

续表

与企业合作的项目名称	项目简介
项目8：酒店OTA运营项目	该项目涉及新媒体运营、OTA（在线旅行商）代运营、收益顾问三项主要的工作内容，通过2人一组的分组形式进行对应门店的云管理，通过所学的专业知识结合数字化工具帮助酒店实现营收的增长，同时符合社会对于酒店数字化人才培养的需求
项目9：广州市革命类纪念馆旅游资源价值构建与数字化开发策划	依托广州市教育局高校科研项目，对广州市革命类纪念馆旅游资源开发现状进行调研，对纪念馆资源与旅游的融合进行识别，分层次，分主次搭建纪念馆的旅游资源图谱，搭建纪念馆旅游资源价值体系，以该体系为基础，构建纪念馆旅游资源数字化开发的模式和策略
项目10：文旅产品研发与营销	应广州市从化区温泉镇桃莲村斑斓试验种植基地的实际项目需求，本项目课程由项目小组成员分工合作，在教师的指导下，拟为广州市从化桃莲村斑斓试验种植基地独立完成主题文旅产品的开发与营销，并由项目组成员设计市场调研问卷、完成市场调研、开发与设计主题文旅产品的、针对亲子市场和研学旅行市场撰写主题文旅产品营销策划书、并在各大自媒体平台进行网络营销，打造文旅惠农、科教研学特色的一、二、三产业融合的精品农旅项目，助力乡村振兴战略

参考文献

［1］喻旭.企业数字化转型指南：场景分析+IT实施+组织变革［M］.北京：清华大学出版社，2021.

［2］李勇，钱晔.数字化酒店［M］.北京：人民邮电出版社，2021.

［3］曹虎，王赛，艾拉·考夫曼.数字时代的营销战略［M］.北京：机械工业出版社，2021.

［4］吉姆·海史密斯，琳达·刘.大卫·罗宾逊.价值驱动的数字化转型［M］.北京：机械工业出版社，2020.

［5］托尼·萨尔德哈.数字化转型路线图：智能商业实操手册［M］.北京：机械工业出版社，2021.

［6］陈威如，余卓轩.平台战略（正在席卷全球的商业模式革命）［M］.北京：中信出版社，2013.

［7］杨峻.营销和服务数字化转型［M］.北京：中国科学技术出版社，2022.

［8］饶雪梅.基于智慧酒店时代的酒店管理专业中高职衔接的课程体系探索．［J］.职业教育研究.高教学刊，2016（12）.

［9］饶雪梅.高职酒店管理专业"服务管理渐进、全程工学交替"人才培养模式的实践与探索——以广州番禺职业技术学院酒店管理专业为例［J］.经济师，2010（07）.

［10］广州番禺职业技术学院.酒店管理专业人才培养方案与课程标准［M］.北京：高等教育出版社，2009.